大是文化

10代から身につけたい
ギリギリな自分を助ける方法

拯救快要撐不下去的自己

不想上學、提不起勁、不想與人互動、總覺得寂寞……
我該怎麼辦，能把自己從懸崖邊拉回來。

日本知名精神科醫師、東京大學醫學博士
井上祐紀 著
林佑純 譯

目錄

推薦序
我也曾是快要撐不下去的青少年

人生設計心理諮商所共同創辦人、諮商心理師／盧美妏

我曾經也是快要撐不下去的青少年。

高中時期的我，成績不好、無心學習，情緒起伏不定，有時焦慮、有時憂鬱，一下厭食、一下暴食，每天都不想去上課，遲到、缺曠課是家常便飯，而且一直踩在學校規定的退學邊緣……可以說是典型的「問題學生」。

在作者井上祐紀提供的「情緒、身體、行為警訊」檢核表中，我幾乎符合其中的每一項。但當時的我似乎沒有意識到自己的痛苦，

而是深感困惑，為什麼我會這樣？為什麼我不能和其他同學一樣「正常」？但我真的好難過。

書中的一段話，給我很大的提醒：「**痛苦的事情，不需要刻意去找原因。**」當我因為學業、人際關係而煩惱時，不斷找原因，只會陷入焦慮自責、怪罪自身的惡性循環。

作者提出了自救三步驟：整理、連結、對應，而我也在內文的敘述中，感受到全然的接納。

不想上學？很正常。
無法學習？很正常。
不想與人互動？很正常。
覺得很孤單寂寞？很正常。

在「整理」的過程中，讀者可以先了解自身傷痛，再來看要如何調整，並讓自己活得更舒服自在。

本書有許多貼近青少年生活的案例，包含不想上學、被朋友嘲諷、社群媒體都沒人按讚、親密關係困擾、升學、嫉妒、缺乏自信等。針對每個案例，作者都一一帶大家練習，客觀看待事件、覺察自己的感受、事後產生的改變，並分析每種令人感到苦惱的心理狀態，可謂囊括了所有青少年階段常見的各種煩惱。

書中提供非常具體的方法、步驟和表格，讓讀者能一步步練習整理自己。我認為，這不只是一本心理勵志雞湯，還能夠幫助我們重視身邊的年輕人。

本書不僅是寫給青少年「自救」用的，也是寫給青少年教育者、社會工作者（簡稱：社工）的工作手冊。當然，像我這樣曾在青春期受過傷的成年人，也能藉由這本書得到治癒。

作者在書中的態度非常尊重、平視青少年，不是高高在上的說教，而是用平等的立場一起陪他們面對困難，我想這是很不容易的事。青春期時，我總覺得自己孤獨一人、沒有人理解我，如果我早點看到這本書，或是我身邊的師長、前輩能以這樣的態度去包容我，相信對我當時的身心狀態會有很大幫助。

最後，套一句作者的話：「但願所有人都知道，我們值得被別人愛護。」

前言
每個人，都是值得被保護的存在

首先，非常感謝你拿起本書。

本書是為了國中、高中生們，乃至於大學生們，在面對生活與學校中遭遇到問題、待在家中感受到苦悶及碰到煩惱時，提供他們解決的方法。

如果你正經歷艱困時刻，不妨先想想「現在發生了什麼事」，然後試著總結實際發生的事情。接著想「自己對這件事有什麼感受」。如此一來，你就會發現「在那件事之後，自己產生了某種改變」。

一旦你能總結上述三點，就可以分析出正在經歷哪種痛苦了。這能幫助你不被傷痛吞噬，並為解決問題做好第一步的準備。

雖然本書充滿各種提示，協助你解決煩惱，但在閱讀過程中，我希望你能先意識到一件事——你值得接受他人的保護。

歷經痛苦時，你也許會想弄清楚自己是一個什麼樣的人，然後你會開始責怪自己，覺得自己不夠好、不值得被愛，甚至認為毫無價值。

但願所有孩子們都要知道：我值得被別人愛護（也包括已經成為大人的你們）。

最後衷心期望，本書能為你提供些許幫助。

第1章

為了「救」自己，你得做自己

01 不想去上學，很正常

不想去上學。這不是什麼特別的事，根據日本近年的統計數據顯示，約有十二萬名國中生沒有去學校上課。[1]

不願意去學校，通常是因為背後有一道很難自行克服的問題。為了保護自己，才選擇不去上學。但也有很多人其實並不清楚自己在困擾什麼，或是為什麼不喜歡，在不知道如何應對的情況下，只能選擇持續隱忍。

1　資料來源：日本文部科學省（類似於臺灣的教育部）「平成三〇年度兒童學生行為問題、不到校等學生指導上的課題相關調查結果（二〇一九年）」。

首先，讓我們先從意識到自身的痛苦開始。當人不斷累積壓力時，在情緒、身體或行為等方面，都會出現各種警訊。勾勾看，你有以下哪些警訊，並重新仔細觀察自己。

▼情緒上的壓力警訊

□對上學感到焦慮。

□一想到學校就想哭。

□總是心煩意亂。

□對曾經喜歡的事物失去興趣。

▼身體上的壓力警訊

□早上起不來。

□一到平日早上，身體就會不舒服。

□無法入眠。

□食慾不振。

▼**行為上的壓力警訊**

□上學前總是一拖再拖。

□無法專心學習。

□覺得跟人交談很麻煩。

□易怒。

02 難過就說難過，討厭就說討厭

當察覺到痛苦之後，讓我們一起想辦法讓它緩和下來。這時要特別留意自己內心的聲音，例如「這種程度還好」，或是「其實沒什麼大不了」。

在消化感受（情緒）時，不需要去管社會標準，也無須和他人做比較。

每個人對事情的體會程度和接受方式大不相同，對他人來說也許不足掛齒，但自己碰到時會感到很受傷；反之亦然。

因此，**你覺得難過的事就是難過，討厭的事就是討厭，只需要這麼想就好**。另外，你需要謹慎對待那些讓你感到痛苦和厭惡的事情。

每個人都有優缺點，不足之處就由他人來補足，不必硬要靠自己來解決，也不用過於逞強或過度努力。為什麼？**因為每個人都值得被呵護**，而非得逼自己忍耐。

當你覺得難過時，你可以嘗試以下三個自救步驟：**整理↓連結↓對應**。雖然做到這三點，不能保證立刻搞定所有問題，但我相信，這可以幫助你認清自身感受，並且提供解決線索。

什麼事讓我難過？

在這三個步驟中，最重要的是整理。若沒有明確了解自己經歷了什麼，便無法得知該向誰尋求幫助，也不會知道如何應對。

假如你覺得難過或煩惱，卻不清楚這種感受從何而來……這時你該做的就是尋找事件的根源。

首先，在下頁表1-1寫下讓你感受到壓力的情況，並填上難過程度

圖表1-1　找出是何事讓自己難過

感受到壓力的狀況	難過程度（滿分10分）
想起跟朋友爭吵	9
考試成績低於平均	5

（滿分十分）。從你覺得最痛苦的事情開始，一件一件慢慢整理。

是什麼「事件」觸發了痛苦情緒？

一旦知道什麼事會對自己造成壓力，就可以開始著手面對。這是一個與自身情緒對話的過程，在這當中，你可能會覺得痛苦不堪，如果真的很煎熬，你可以先暫停一下，等過了一段時間，覺得「我可以再試試看」的時候，再繼續。請依照自己的步調進行，盡量從比較輕鬆的部分來思考。

整理時的基本方法：確定發生何事↓有何感受↓結果為何，然後將它們寫下來。第一步，要整理出發生什麼事。例如，當回想起跟朋友爭吵時，就會備感壓力，這時發生的事件就是跟朋友吵架。

在這個過程中，沒有必要去思考「為什麼會發生」，或者「是誰的錯」。整理的重點在於出了什麼事，並且認知到「當出現這種事時，我會不開心」。

因此，列舉出的事件大都簡單明瞭，但要避免過度摻雜個人想法，比如，「那個人總是不爽我，才會說出那麼過分的話」，或是「他講話根本是扭曲事實」，要盡量單純化當時所發生的事。

事情發生時，你有什麼感覺？

整理的第二步，羅列出你感受到的人事物。

前面我們找出了令你不悅的事件，接下來就要把注意力轉向：「當這件事發生時，你有什麼樣的感覺？」

每個人對事情的感受程度各不相同，不一定只能用言語表達，你能用任何形式來表現，像是「好煩躁」、「想放聲大叫」這種模糊的形容詞，甚至是只有自己才能理解的詞句，也可以用符號、畫圖，抑或是亂七八糟的線條，只要能將你的情感寫出來即可。

寫下這些整理過程，是為了讓你日後能回顧，並不是要寫給別人看的，所以可以毫無保留的表達出來。

在列出感受時，不要將感受（情緒）和想法（思考）混為一談。例如，「被人說了難聽話時，覺得很傷心」是感受，「我可能會被其他朋友當作怪人」則是想法。

這個階段的關鍵在於，要設法感知自身情緒，並敏銳捕捉到最真切的感覺。

事後產生了何種結果？

整理的最後一步，是認知到產生了什麼樣的結果。

你可能遇到了一些令人難過的事，也因此產生許多不同於以往的感受。因此，我們在這個階段，要找出和以前不一樣的地方。

在生活中，我們經常受到各種影響。遇到好事時，心情愉快；一旦遇到不順心的事，就會感到沮喪。如果你正處於煩惱之中，那麼，你可能會發覺現在的自己跟「感受到痛苦前的自己」是不一樣的。

首先，要回想在遭遇這件事之前的你，以及當時的生活。然後，重新審視一下現在的狀況。如果你察覺有什麼與以往不同之處，那就是這個階段的答案。

舉前面的例子來說，你可能會發現在跟朋友爭吵前後，你們的關係出現了變化，例如：「吵架後，我們再也沒有說過話。」

這個結果可以是行為，也可以是情緒。但就像感受一樣，只須列舉出你的事，不需要去思考其他人的看法或周遭的變化。重點在於，你因為這些令人不悅的事件，而有什麼樣的改變。

從第二章開始，我們將介紹如何按照「事件→感受→結果」的流程來梳理各種煩惱。儘管每個人的困擾都不盡相同，但我相信，透過整理，一定能協助你嘗試解決問題。

誰能幫你？最好是周遭的大人

當心裡有煩惱，且越來越難過跟痛苦時，將難以獨力解決問題。因此，如果你痛苦到沒辦法去學校，那就需要與某個人產生連結（進行諮商輔導）。

你可以選擇信任的人當作你的傾吐對象，這個人會仔細聆聽你的事情、與你產生共鳴，你可以開心和他對話。

理想人選是周遭的大人。假如有困難，也可以從年紀相仿的朋友當中尋找。之所以建議你先評估身邊的成人，是因為有些煩惱無法單靠同儕的力量解決。

諮詢對象應該是熟人，而不是網友。如果你真的找不到適合的人，也可以向專業人士尋求建議（參考第一八三頁）。當你找到可信任的對象後，就要透過前面提及的「事件↓感受↓結果」的流程，嘗試表達自身感受。

在過程中，即使對方的建議無法直接解決問題，也不要因此灰心。找尋他人傾訴心聲的目的在於，讓他們理解你經歷了什麼，並產生同理心。

說出內心的想法，不僅能幫助你整理心情，還能進一步理解這些情緒。解決問題之路也許還很漫長，但只要找到願意理解你的人，一定可以向前邁出一大步。

千萬別找只會說教的人

尋找求助對象時要特別小心，有時候對方雖然看起來像是好人，或是好像很優秀，但不一定適合作為傾訴對象。

對方要聽你訴說煩惱，是一件很累人的事。如果在你尋求同理、分享煩惱的時候，對方卻開始說教，或是一直提到「按照常理來說」等論點，或許會讓你更加疲倦。

因此，你需要的應該是不會對你造成傷害的人，我將這類人稱為「安全諮詢者」。

安全諮詢者得符合以下條件：**不強加結論；不否定你的情緒；讓你有足夠空間分享感受**。缺少這三項中的任何一項，都應該是你需要保持距離的諮商者。

此外，當你猶豫對方是否為合適的人選時，你可以參考以下建議，判斷對方是否適合：

- **安全的諮詢者**

1. 不否定你的情緒。
2. 尊重你的想法。
3. 不妄下結論。
4. 坦率承認自己不了解的事。
5. 願意傾聽你說話，並發揮同理心。

6. 能保守祕密。

●需要保持距離的諮詢者

1. 批判你的個人情緒。
2. 固執己見。
3. 強加結論。
4. 不懂裝懂。
5. 說的話比你還多。
6. 無法保守祕密。

一個人就能做的三種放鬆法

當心中有煩惱，且被難過的事情占據時，就好像失去了期待的能力，但如果仔細思考，生活中其實也有許多沒那麼糟糕的時刻，比如品嚐美食，或是聽喜歡的音樂。即使這些事還不足以令人感嘆：「哇，太棒了！」但在這些時刻，至少心情都還不錯。

這種心情還不錯的狀態，正是煩惱還沒出現前的「原本的自己」，只因為遭遇某些事情，才開始感受到痛苦、厭惡等負面情緒，而籠罩一層陰影。

若要緩解內心負能量，放鬆會是最有效的選擇。以下介紹三種放鬆方法，你可以先用兩分鐘試試看，或許能稍微幫助你找回原本平靜的自己（參考下頁圖表1-2）。

當你遇到難過或討人厭的事情時，可以試著去整理其中的問題。發生了什麼事？這讓你有什麼樣的感受？你與「原本的自己」有什麼不一樣？請嘗試使用前面講述的方法，以你的方式思考，並盡可能的寫出實際心情。

在整理的過程中，你可能會覺察到一個重點——負面情緒總是出現在某些事件上。換句話說，無論是不安、痛苦或是煩躁，這些都不

圖表1-2　一個人就能做！三種舒緩放鬆法

蝴蝶擁抱法

兩臂彎曲，交叉於胸前，然後用指尖輕輕拍打肩膀。在實施時，可以想像一個讓自己放鬆的場景會更好。

拉麵呼吸法

想像面前有一碗看起來很美味可口的拉麵，先慢慢用鼻子吸氣，像是聞著它的香味一樣。然後，像吹涼熱騰騰的麵條一般，從嘴裡呼出長長的氣來。

肌肉放鬆法

雙手握拳，用力握緊 5 秒，然後放開手，完全放鬆 15 秒。反覆握拳、張開，你會感覺到自己正在慢慢放鬆下來。

是你原先就有的情緒，而是在事情發生後，才出現的反應。

這意味著負面情緒就像從外界侵入你身體的小怪獸，假如能妥善應對，有時就可以靠自己的力量，將它們驅趕出去。

假如你自覺並沒有那麼難過，那便可以試試前面提及的放鬆方法。若做完之後，有得到緩解，並離本來的自己更進一步，就代表你戰勝了那股不愉快的情緒。

但要特別留意，你不需要強迫自己解決所有障礙。就像生病一樣，有些傷口或病症，能靠一己之力痊癒，有些則需要接受治療。煩惱也是如此，當遇到非常痛苦不堪、深感困擾的難關時，就需要尋求他人協助，花時間來慢慢處理。

感情、行為、身體會互相影響

難受的情緒不只跟情感有關。在許多情況下，我們怎麼想，往往會讓我們更加痛苦。

首先，讓我們來整理一下情感與想法的差別。情感是難以言喻的情緒，例如，你會向他人說「我很焦慮」，但其實還可能包括煩躁等心情，或是在想到未來的事情時，感受到沉重的壓力等。

相對的，想法是透過語言來思考。比方說，「被罵了，我覺得好傷心」是情感，「被罵了，我是個沒用的人」則是想法。在大多數情況下，難過的念頭與情緒會同步出現，這可能會改變你的行為，甚至影響你的身心狀態。

在整理煩惱時，應該要先關注情感層面的細節，並嘗試不過度思考、解讀，這只會徒增痛苦。當你感覺不開心、負面思考開始放大時，可以優先試試下列兩種技巧。

第一個是忽視，當出現「我是個沒用的人」的想法時，你可以選擇忽視、淡然帶過；**第二個是反駁**，當心裡出現「我是個沒用的人」時，你可以反駁自己「我才不是沒用的人！」堅定心智、打擊消極思

圖表1-3　痛苦深化的過程

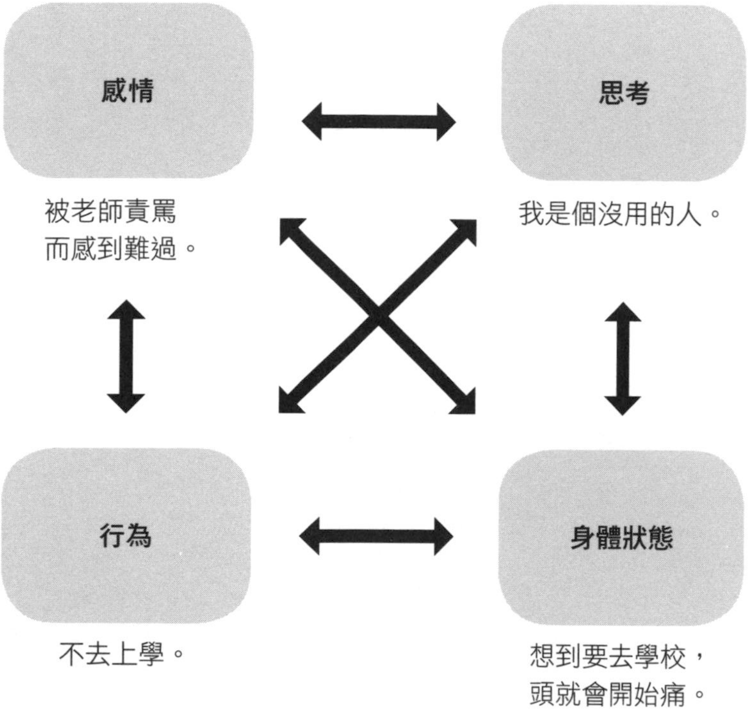

感情、思考、行為、身體之間會相互影響，
構成我們的反應。

維！如果能夠運用這些辦法停止負面思考，將會大幅改善你的情緒及行為。

第2章

沒朋友和太多朋友，對我都是困擾

01 第三節課換教室，只有我不知道

假如發生了這樣的狀況……

1. 事件（實際狀況）

平常都玩在一起的朋友，有一天突然不理我。

2. 感受（情感、感覺、想法）

我做錯了什麼事嗎？希望他不要故意這樣忽略我。

3. 結果（產生的改變）

光是想起來，就快哭了。

朋友刻意忽視我

無論是自己講的話不被對方重視，或是別人把自身當空氣時，相信都是令人痛苦的事。當被周遭的人忽略時，我們會覺得得不到認同感。

「有沒有我，對其他人來說都一樣」、「沒有人真正關心我」，這種感覺會深深傷害我們的心靈。當我們一再感到難過和不快時，甚至會打擊到「想重視自己」的寶貴心情，也會影響到校園生活。

當被身邊的人忽視、冷落時，也會難以取得「小道消息」，像是同學不會跟你說，「第三節課要改到視聽教室上」等重要訊息，因而遲到。這樣下去，上學將會成為一種煎熬。

不需要刻意去尋找原因

當出現煩惱時，我們往往會不斷去深思其中的細節。所以，當苦惱周遭的交友問題時，可能會想：「是不是我哪裡做得不夠好？」但你必須立刻停止這種想法！

你很痛苦時，絕不該刻意去尋找背後的原因。因為找尋原因，代表你承認現在正在發生的事情，自己有錯。

舉例來說，我們會在何時去為遲到找原因？當然是在遲到的時候。又或者正在趕路，但覺得有可能晚到時。

正是因為你承認自己會晚到，才會有「不想被認為是隨便的人」等感受，並找出「電車誤點」、「我突然肚子痛」等理由。應該沒有人明明不會遲到，還硬要找藉口吧。

被忽視也是同樣道理。想尋找被無視的原因，往往已經認定自己會被對方忽略，覺得那是無可奈何的。

當遭遇痛苦，你越是去尋找原因，「我被別人無視也是無可奈何的」想法，也會變得更加強烈。

但你要記住，當你在整理煩惱時，重點應該放在你因為被忽視，而難過到眼淚都快掉下來，不需要去想像對方為何會做出這種事。

無視他人的一方與被忽視的一方，毫無疑問，問題是出在忽略他人的那方。沒有人該原諒傷害他人心靈的行為，即使全班同學都不理你，你也沒有錯，人心不是以多數決來評斷對錯的。

靠近重視你的人

但是，就算你知道這不是你的錯，被無視時還是會很困擾。這時，我們可以**嘗試將目光轉向不會忽略你的人**。如何尋找？你可以打開手機的聯絡人，或是翻開小學畢業紀念冊，當回憶起最近沒有見面的朋友，你可能會湧現出懷念、想跟對方說說話的心情。

當你找到這樣的人選，請試著聯繫他們，見面閒聊一下，或是透過社群網站互傳訊息等，盡可能增加聯絡機會，與願意正視你的人有所交集，會讓你想起重要的事情——我不應該被人忽視。

02 下課時，沒人想跟我一起走

假如發生了這樣的狀況……

1. 事件（實際狀況）

在學校沒有能結伴同行的朋友，連下課時間也是一個人。

2. 感受（情感、感覺、思考）

我覺得好孤單。

3. 結果（產生的改變）

下課時不想待在教室裡，會獨自關在廁所打發時間。

孤單，不盡然是壞事

當你感到孤單時，或許會想該怎麼跳脫這個狀態，但我反而建議你可以細細品味這種感受。

在感嘆「啊！我好孤單」的同時，享用你的餐點；品味孤單時，認真上課。這時的你確實會覺得很孤獨，但不會被這種情緒淹沒，反而能專心當下的事物。若你可以做到這一點，代表你往成熟獨立的道路邁出了一大步。

我們為什麼會覺得，一個人就代表孤單？可能是因為在學校裡，會有許多小圈圈、小團體。屬於某個群體的人被視為多數派，獨自一人的人則被視作少數派、邊緣人。

多數派有一種強大的魔力，當你身處其中，會覺得擁有了某種力量，深信自己的意見是正確的，認為自己無所畏懼，這多少會讓你感到快樂，很難從多數派的魔力中掙脫出來。然而，這並非你真正的力量。

多數派也有缺點，為了在團體中能順利打成一片，你必須配合別人，無法表達自己的意見，或者必須壓抑情緒，即使有新的想法，也需要聽取朋友的建議，或是迎合他們的時間。所以，多數派雖然有好處，但也有特別辛苦的地方。

也許有些人會害怕孤單，或是不想放棄那股魔力，也會忍耐著待在多數派中。雖然待在大團體裡看起來過得非常充實、有趣，但我覺得，能發自內心感到快樂的人很少。

獨自一人的少數派，即使不具有多數派那樣的魔力，但也有多數派無法擁有的魅力。單獨一人的時光，非常自由，而且不需要顧慮周遭的眼光，可以隨時保有個人風格。

不需要刻意淡化寂寞

寂寞這種情感本身，不會對我們的心靈產生負面影響，但仍須留意由此而生的想法。人們的情感來自於對事件的感受，想法源自於腦海中的思考。消極的情緒往往容易伴隨消極想法。

你不必刻意淡化寂寞的心情，因為一旦我們想改變現狀，可能會開始尋找孤獨的原因。

平時當然可以有「唉，我覺得好孤單」的感受，但當你開始認為「我之所以會這麼孤單，是因為我被孤立了，沒辦法，我就是這種人」時，就不行。一旦我們消極思考，情緒也會變得沮喪，甚至可能陷入負面情緒與思考的惡性循環。

因此，假如你感到孤獨，讓自己的想法停在「我覺得好孤單」就好。有情緒不需要任何理由，為何不停止尋找原因，嘗試將目光轉向獨自一人的美好呢？

03 同學笑我程度差

假如發生了這樣的狀況……

1. 事件（實際狀況）

跟朋友在一起念書時，被調侃道：「這個問題對你來說，可能太難了。」

2. 感受（感情、感覺、思考）

被大家當成笨蛋，好難過。

3. 結果（產生的改變）

就算朋友們玩得很開心，自己也不再主動加入了。

「我在你之上」，或是「你比我差」，當有人故意講出這種話，就會形成言語上的霸凌。

就我的經驗來看，那些習慣居高臨下，或是出言輕視他人的人，總會運用某些手段，提升自己在別人心中的地位與價值。

當團體貶低某個人時，其他成員會覺得彼此間更團結，但這只是錯覺；相反的，那些對自身能力有信心或不太焦慮交友問題的人，似乎很少會霸凌別人。

換言之，那些看不起別人的人，其實可能是因為知道自己能力不好，或對好友圈感到不安。

無端被別人瞧不起，當然很不爽，有一個小技巧可以應對這類霸凌行為，就是不做出任何反應。

我平常也會用推特（Twitter，二〇二三年七月二十四日開始，逐漸更名為「X」）發文，但底下的留言或轉推中，我很少收到帶有惡意、無理的批評或嘲諷，為什麼？難道是因為我發的內容，完美到沒有任何可以騷擾的地步？如果真是這樣，倒是挺令人開心的，但我認為，主要是因為我完全不會去回應那些惡意留言。

你沒有反應，邪惡力量就無效

無論有多少負面回應，我都不會直接反駁，也不會找藉口，更不會理對方，就讓他們隨意寫下他們想說的言論。

那些發表負面評論的人當中，自然會有人期待我做出回應，假如我真的回覆，他們反而會進一步反駁或出言挑釁，甚至把其他追蹤者捲進來，爆出更大的爭議……這或許也是他們原本的目標。

但是，只要我沒有任何反應，對方就無法採取更多動作。朋友間的霸凌也是同樣道理。

朋友說了瞧不起你的話，期待你難過或惱怒。然而，只有在你回應他們的期待，霸凌的邪惡力量才會被釋放。反過來說，假如你沒有反應，對方就沒辦法瞧不起你。

握有主導權的是你自己

假如有人霸凌你，你卻沒有任何反應，他們可能會覺得需要再來一次，因此做出更激進的某種行為或說出更難聽的話語，試圖進一步傷害你。

這的確讓人很痛苦，但請將它視為一個機會！因為對方在第一次攻擊失敗後，又重複同樣的行為，代表霸凌者很焦慮，原本應該對你造成傷害，卻毫無效果，這使他們備感困惑，所以會盲目的再霸凌一次。

他們會焦慮，代表你選擇正確。不要對試圖瞧不起你的言行做出任何回應，那些討厭的言語，你也聽過即忘就好。

掌握霸凌這股邪惡力量的主導權是你。無論對方多拚命挑釁，只要你不理睬，這件事就不會發生。「這個人不會被我的行為左右」，一旦他們認清這一點，就只能放棄繼續霸凌你。

被霸凌與否，取決於你。

04 那個喜歡笑的我，不是真的我

假如發生了這樣的狀況……

1. 事件（實際狀況）

我在學校總是表現出開朗的模樣，成為班上的開心果。

2. 感受（情感、感覺、思考）

但我覺得開朗的那個自己，不是真正的我。有時候會感覺心裡空空的。

3. 結果（產生的改變）

當身體跟情緒都疲倦，沒辦法表現出開朗的樣子時，就會提不起勁去上學。

總在他人面前隱藏痛苦

有些諧星或藝人，會扮演裝傻的角色或嚴肅的吐槽角色等，但即便是演員，在工作結束後，也會回歸真實的自我，才能放鬆休息。

扮演某種角色，是我們在工作中需要的技能之一。雖然不輕鬆，但我們在生活中創造出這樣的角色，是因為扮演不同的自己，能帶來一種獨特的力量。

扮演開心果的你，即使在疲憊或煩惱時，也不會讓朋友看到你真正的心情。這麼做雖然很辛苦，但也有好處，能避免聚焦於痛苦與困境中。

然而，只能一時避免，無法真正解決問題。當痛苦與困難越來越大，你會發現身心將失去平衡，進而出現不適症狀。

疲倦、不悅、煩躁、沮喪，都是你，沒有好壞

假設你是一名幼兒園老師，即使前一天和家人吵架，但在孩子面前，你仍然要保持微笑。扮演幼兒園老師這個社會角色，是為了賺取薪水。但是，上學不是工作，你不會得到薪水，也不需要扮演社會角色，你可以隨時做自己。

有時有好心情、有時顯現疲態，這些都很正常，你沒必要一直扮演心目中的角色，要求自己必須時刻充滿活力。

但是，如果你已經習慣扮演，可能會抗拒展現出真實的你。而且，突然性格大變，朋友大概也會嚇一跳。所以，首先我們可以從事前準備和練習展現真實自我開始。

第一階段是事前準備。開朗、煩躁、無緣無故心情低落的自己……每個人都有多種不同的自己，根據身心狀態及場合等因素，人們會選擇展現出不一樣的面貌。

首先，我們要重新認識那些不曾向朋友展現的自我，並且為他們取名。疲倦模式、煩躁角色……取什麼都可以，為他們命名，你將會重新發現自身內在的多種樣貌。

準備好之後，第二階段實際練習。當你不想保持開朗與活力時，就停止扮演，然後，用一種輕鬆、開玩笑的方式，嘗試向朋友們表示「今天的我是疲倦模式」，或是「煩躁角色好像開始發作了」。

原本一向開朗的你突然沉默不語，朋友們可能會覺得奇怪，但假如有事先說明：「現在我是疲倦模式。」他們就會理解你的情緒，知道你可能因為很累，現在不太想說話，自然的接納你的這一面。

透過這樣練習，你就能慢慢擺脫「角色扮演」，在學校也能展現出真實自我。

之前只展現出開朗、有精神的自己，也許是因為你覺得其他的角色不夠好。然而，無論是疲倦、不悅、煩躁，還是沮喪，都是你重要的一部分，沒必要分好壞，況且人們的情緒也無法這樣分門別類。

因此，我們要認同內心的各種樣貌。那些不曾在學校展現過的自己，你可以替他們安排一些出場機會。

05 別人說好，我就說好

假如發生了這樣的狀況……

1. 事件（實際狀況）

當要和朋友一起去看電影時，我總是無法說出自己想看什麼，只能配合朋友，去看他們想看的。

2. 感受（情感、感覺、思考）

只要迎合別人，就能避免發生爭執，但要看我不想看的電影，真的很無聊。為什麼老是我在讓步？

3. 結果（產生的改變）

越來越覺得跟朋友出去玩好麻煩。

迎合，是因為你不想跟人爭吵

隱藏自己真正的意見和情感，迎合他人，這能快速避免與人發生衝突。

這種暫時的解決方法確實有效，既不會爭吵，也不會被說太自我中心或任性，所以，的確很難避免。

不過，如果持續用這種處理方式，你會優先忽略自身感受，來避免跟別人起衝突，但你不會因此快樂，反而留下一種被迫讓步、悶悶不樂的心情。原本是為了與朋友共享樂趣才出門的，演變成這樣就有些可惜了。

誰都不想跟朋友起爭執，但是，將避免衝突視作第一要務，那麼友誼的意義究竟是什麼？或許將會是一種毫無樂趣、令人感到空虛的交友關係。

既不衝突，又能表達自我

想說出自己的看法，卻又想避免與朋友發生爭吵時，你可以使用一些簡單的技巧，例如，朋友喜歡A，你傾向於B，當對方說出「我覺得A很不錯」時，你可以先說：「等一下，我想想……。」然後再回答：「嗯，我也覺得A不錯，不過，我有點猶豫要不要選B。」

重點在**先認同對方的觀點，再表達自身看法**。

假如你突然說：「我比較喜歡B！」朋友可能會覺得被你否決，但是，如果使用這個方法，就可以讓他們知道，你有在考慮他們的意見，並在這個基礎上表達自己的看法，如此一來，對方可能也會關心你的感受，並進一步認同你的觀點。

06 朋友黏踢踢，讓我壓力山大

假如發生了這樣的狀況……

1. 事件（實際狀況）

朋友在學校總是想跟我黏在一起，還會問我假日有什麼安排。

2. 感受（情感、感覺、思考）

這種友情太沉重了，我沒辦法自由去做想做的事，有時候真想拒絕他的邀請。

3. 結果（產生的改變）

一個人的悠閒時光變少了，在學校會有點不想遇到那位朋友。

需要自己的時光，人之常情

擁有閨密，對彼此來說都是件好事。但是，有些人會只想跟特定的朋友相處，有些人則想跟不同的朋友來往，而有些人就是喜歡獨自待著。

與他人之間的適當距離因人而異。對於渴望擁有個人時間的人來說，常跟一位想一直待在一起的友人相處，確實會感到有些疲倦。無論是多合得來的對象，一直待在一起難免會有點煩悶。在學校長時間相處，週末還被邀約一起出去玩，有時總會希望有屬於自己的個人時間，這很正常，並不代表你討厭對方，只是你需要獨處時間。

我們很難拒絕朋友的邀請，或許是因為我們會去揣測對方的想法，例如：「他是因為沒有其他的好朋友，才想要跟我在一起」、「他不喜歡一個人出門，才希望我能和他一起行動」。但是，你應該稍微調整思考模式，即使關係再親密，也無法完全理解對方的感受，以及行為背後的原因，你的猜測不一定是對的。

所以，我認為你不需要為了配合對方，而多去想「如果我拒絕了，他可能會很失望」或是「讓他一個人太可憐了」。

製作一份想一個人去做的清單

在考量朋友的情況之前，先問問你的感受。如果週末不想出去玩，何不順從自己的想法？拒絕後會怎麼辦，那是對方的問題，你不需要特別去擔憂。

在猶豫是否該拒絕時，你可以先確認自己是否想要獨處。檢測方法非常簡單，比如，當朋友問你：「週末要不要一起去買東西？」

時，如果你覺得出門很麻煩，或是那位友人讓你很有壓力，就代表你現在需要獨處。

當你意識到獨處訊號時，也可以順便製作一份想一個人去做的清單。有沒有什麼是最近沒機會，但實際上很想做的事？像是慢慢讀一本書、一個人在家放空、去買東西……你可以嘗試把這些想法寫在筆記本上。

打造出屬於自己的時間，並從可行的項目開始嘗試看看吧。

我們常常認為，假如哪天沒有計畫跟其他人一起行動，當天的行程表就會是空的。但我們完全可以把一個人想做的事情，也規畫進行程表中。

如果朋友邀請你，但你需要獨處時，就看一看你想一個人去做的項目清單，確認有沒有在你被邀請的那天想做的事？如果有，就表示你當天的行程表已經被安排得滿滿的了。

要是在被邀請的那一天已經有了其他安排，你會誠實告訴對方這件事情，對吧？只要照實回答：「抱歉，那天我打算在家裡看書。」就好。

你不需要擔心「我拒絕了他，他會不會感到失望」，因為你不是拒絕朋友的邀約，只是在你被邀請之前，就已經安排好了計畫。

07 擔心被踢出好友圈

假如發生了這樣的狀況……

1. 事件（實際狀況）

總是想和某個朋友待在一起，會去詢問他的週末計畫。

2. 感受（情感、感覺、思考）

稍微拉開距離，就害怕友誼淡掉，擔心朋友覺得自己太沉重。

3. 結果（產生的改變）

開始看友人的臉色做事。對方稍微對我冷淡，就很難過。

擔心被討厭，跟覺得孤單是兩回事

在學校交到好朋友，會讓你校園生活變愉快。但是，假如你總是想跟朋友黏在一起，或者很怕跟朋友分開，那你可能需要特別留意，你的情感或許已經從跟朋友在一起很快樂，變成擔心被對方討厭了。

害怕被討厭、被拋棄的那種不安感受，與孤獨感是不一樣的。一個人很孤單是一種很簡單的情緒，只要知道「我好孤單」就可以了，不需要努力告訴自己：「我該停止這種感覺。」

不過，害怕被討厭、擔心被拋棄的想法，可能會加深孤獨的感受，並在不知不覺間，將「我沒有跟朋友在一起，好孤單」的事實和情感，加上「因為我被討厭了」等判斷。

覺得孤單不是一件壞事，但這個情緒往往會帶來「害怕被討厭」、「擔心被拋棄」等消極思維，也是使你痛苦的元凶。

當你害怕被討厭、擔心被拋棄，就容易對朋友的一言一行感到恐慌。即使對方只是稍微冷淡一點，你也會煩惱他是不是生氣了，然後反覆確認對方是不是討厭自己……這些消極想法會大大影響你的行為模式。

如果這種互動模式持續下去會怎麼樣？你的朋友可能會覺得很疲倦，想跟你保持距離，這樣的話，原本友好的關係也會變得緊繃。

害怕被討厭、擔心被拋棄的情緒，這只是你在腦海中建構出的想像，而非事實，因此，當你察覺到這些不安的心情時，可以嘗試著安撫自身。

每個人的內心都有兩個自我。一個是充滿不安，擔心「我會不會被討厭？」的幼稚的自己，另一個則是能全面看待事物，冷靜判斷的成熟的自己。

圖表2-1　想緩解內心擔憂時，你能這麼做

試著寫下成熟的你給幼稚的你的建議。

讓成熟的你，給幼稚的你一些建議

回顧一下，你在過去是否有感到不安，但最後成功克服的經驗？如果有，請試著回憶當時是如何安撫自身的，那些話或許就是成熟的你給幼稚的你的建議，這些意見可能有助於緩解你現在的不安。

假如你無法回憶起類似的經驗，那就改變情境來思考。如果你的好友正在煩惱「我好像被我最好的朋友討厭了」，你會對他說什麼？你想到的話，就是成熟的自己給幼稚的自己的訊息。

08 網站發文沒人給我讚

假如發生了這樣的狀況……

1. 事件（實際狀況）

我在社群網站上發文，卻沒有人留言。

2. 感受（情感、感覺、思考）

為什麼沒人留言？一想到不知何時會有人回覆，就靜不下心來。

3. 結果（產生的改變）

不自覺的一直看手機。

一直看留言，只會越來越焦慮

能即時且輕鬆交流的社群媒體，使用起來非常方便，也是維繫朋友圈的必要工具。上傳的照片或文章得到迴響，對任何人來說，都是令人高興的事。不過，如果你習慣立即有別人留言，當遲遲沒有人回應時，你可能會感到失落。

這個時候，如果你只是覺得「根本沒有人回，我還真邊緣」，或「沒人有反應，也太無聊了」，就不會有太大問題，因為單純的情緒並不會傷害到你。

然而，假如你的情緒帶有一些負面想法，例如，「都沒有人回，是因為他們不喜歡我說的話吧？」、「我被大家討厭了，他們忽視我的貼文」，一旦你開始尋找原因，想法可能會越來越往負面的方向發展。因為你期待能得到一些讓你安心的回應，所以才會不自覺的一直想看手機。

在這種情況下，讓我們來整理一下，想解決不安情緒，要有什麼條件。

首先，你想得到朋友們的回覆，而且回應的內容能化解「他們是不是不喜歡我的貼文？」的擔憂。也就是說，除非你看到來自朋友適度且正面的回覆，否則無法放下心來。

但是，你無法控制朋友們回應的時機，就算你頻繁的看手機，也不會讓他們更快留言。

不斷看手機，其實是一再確認別人沒有反應這件事，你可能更容易覺得：「我一定是被討厭了！」然後因為無法承受這種心情，又會立刻想去看手機……進入「確認迴圈」當中（參考下頁圖表2-2）。

圖表2-2　當心陷入確認迴圈，會觸發不安感

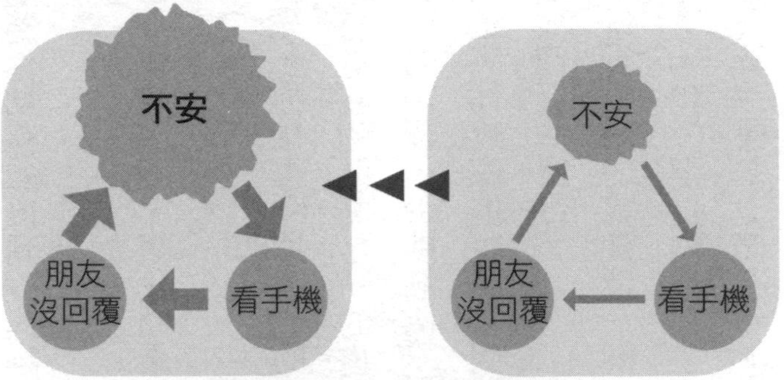

隨著迴圈次數增加，只會越來越憂愁。

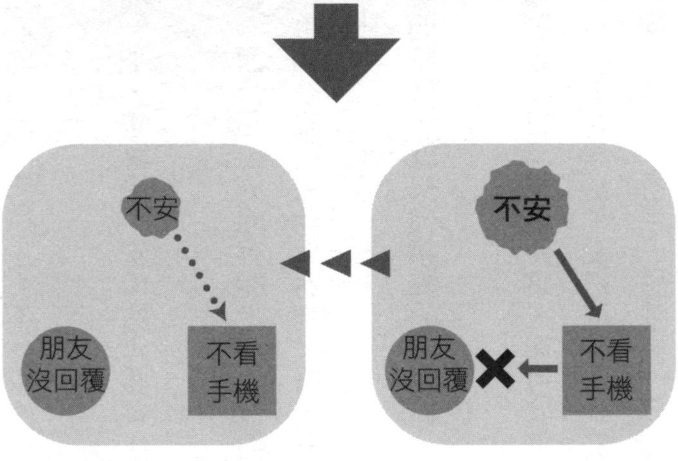

因為不看手機，不知道朋友沒回覆，所以焦慮感逐漸降低。

避免陷入確認迴圈

想擺脫確認迴圈的唯一方法，就是不要去看手機，即使你很焦慮，也要忍耐。

不去確認，代表你不會知道好友沒回覆，如此就不會冒出「他們是不是不喜歡我的貼文？」的想法，也不會進一步加深你內心的不安。

在交友關係中，會擔憂很正常，但只要不去確認，隨著時間流逝，不安的感受也會逐漸減少。為了避免陷入確認迴圈，還是稍微克制一下伸向手機的手吧。

09 我被打，對方卻說是鬧著玩

假如發生了這樣的狀況……

1. 事件（實際狀況）

我什麼都沒做，卻被同班同學打，或被推肩膀挑釁。

2. 感受（情感、感覺、思考）

好痛，好可怕。我做錯什麼事了嗎？

3. 結果（產生的改變）

因為不想見到他，開始經常向學校請假。

所有對身心靈造成傷害的行徑，都是暴力

提到暴力，你可能會先想到打人或踢人等激烈行為。然而，即使他人的行為並未在你身上留下可見的傷口，但只要讓人感到痛苦，都應當被視作一種暴力，而這也包含心靈上的傷痛。

舉例來說，柔道選手在比賽中拋摔，或是壓制對手不算暴力，即使身體感受到強烈疼痛，但由於雙方已經同意實際對戰，所以他們並不會想要迴避這個痛苦。

相反的，即使只是輕微拍打，也有可能被認定成暴力，就算不痛不癢，但你可能會因為被打而受到驚嚇，或是害怕再次被打，這些行為會讓你產生心靈上的恐懼，變成想要迴避的痛苦。

只要覺得痛苦，就要求助

簡單來說，某人的行為是否構成暴力，取決於受害者是否覺得痛苦，與施暴者本身的意圖沒有任何關係。

施暴者往往會為自己的行為辯解，強調「我沒有那個意思（所以這不是暴力）」，但這種說法毫無道理，假如受害者因此感到害怕，無疑就是一種暴力。

當你遭受朋友的暴力對待時，最理想的解決方法是向周遭的大人，也就是前面提過的安全諮詢對象諮商（參考第二十七頁）。

不得不說，**孩子很難自行解決彼此的暴力問題**，假如你身邊沒有可以提供協助的大人，可以考慮利用專門的諮詢服務，向專家求助（參考第一八三頁）。

你可能會很抗拒找大人商量。當無法立即決定是否求助時，你的內心可能有兩個自己：想求助的你和不想求助的你。

當你猶豫不決時，應該仔細傾聽自己的兩種聲音。你可以參考下頁圖表2-3，嘗試將兩個自己的感受都寫出來，接著認真思考，哪一個的感受比較強烈？假如想求助，就立刻找人幫忙；如果不想，可能怕丟臉、被報復，那就還不是時候。

實際的時機，完全可以由你自己決定。

如果暴力持續發生，你要尋求幫助

遺憾的是，即使你找大人商量，暴力行為有時仍然會持續發生。如果發生這種情況，每次遭受到暴力後，請立即再向同一位諮詢對象求助。不要認為「我已經找人商量過，但沒有用」，就輕易放棄，在對方的暴力行為消失之前，你都應該持續找人幫忙，這點非常重要。

圖表2-3　猶豫時你能這樣判斷

不想求助

- 感覺很丟臉。
- 害怕被報復。

想求助

- 想安心到學校上課。
- 不想再遭受暴力對待。

試著把不同的感受寫出來，看看哪邊的想法比較強烈。

10 大家在群組裡說我壞話

假如發生了這樣的狀況……

1. 事件（實際狀況）

在群組裡，有人故意說我的壞話，或是上傳我不好看的照片。

2. 感受（情感、感覺、思考）

覺得被大家討厭了，好傷心，也很害怕。

3. 結果（產生的改變）

因為不想見到群組裡的朋友，所以也不想去學校。

將對話紀錄截圖保存，並找可信任的大人商量

社群媒體中的交友關係十分封閉，無法讓外界輕易看見，所以會比一般的霸凌更難被發現。一般來說，群組內的對話平常也不會讓大人看到，聊天內容也有不想讓長輩知道的事，因此被霸凌的人會覺得很難找大人商量。

但是，霸凌難以自行解決，早一點和安全諮詢者討論，才是最好的處理方式。假如你身邊沒有大人幫忙，也可以考慮利用專門的諮商窗口（參考第一八三頁）。

如果在群組中，出現讓你感到不舒服的言論，記得截圖保存，適時出示給傾訴對象看。雖然存下這些言論，可能會讓你很不愉快，但

這些資料，都是向別人傳達「什麼時候、發生了什麼事」的證據。

無論在網路或現實，都要和霸凌群組保持距離

被人霸凌非常痛苦，有些人連向長輩求助都很困難。但在多數情況下，就算受害者一味忍耐，也很難有好結果。

你的忍耐，可能會讓霸凌者覺得欺負你也沒關係，進而不斷加劇言行。如果你被逼到無法去上學的地步，請盡快向可以信任的大人尋求幫忙。

這時也要停止使用社群媒體，並跟群組裡的人保持距離，因為出現霸凌行為的群組容易產生「攻擊性幻想」——因為霸凌，感覺自己擁有力量，與同伴間的關係也會變得更加緊密。

一旦攻擊性幻想開始出現效果，便難以回到最一開始的關係。雖然你可能會感到孤獨、無助，不過我認為，你還是應該暫時遠離他們。

從一對一的互動中，尋求同伴

一旦團體開始霸凌行為，就會越來越難以從加害者的立場抽身。有些人可能被迫順從於團體的領導者，或是本身並不願意參與霸凌行動。因此，並不是所有霸凌你的人都是敵人。

如果在群組中，有一些願意跟你繼續保持友好關係的人，你可以嘗試與他們一對一互動。剛開始，只要聊些無關緊要的話題就夠了。

在這個階段，你得觀察對方說出的話是否讓你感到不悅，或者做出讓你反感的事。重點在於，從對方的實際言行判斷，小心不要被原本的成見所影響，例如，「雖然他沒說什麼讓我覺得不舒服的話，但他可能其實很討厭我」等。

以後就盡量跟實際霸凌你的人保持距離；而那些沒有做出讓你不舒服行為的人，往後可以試著跟他們繼續一對一相處。

第3章

愛不是無條件配合對方，一個人也很好

01 已讀不回，他是不是討厭我？

假如發生了這樣的狀況……

1. 事件（實際狀況）

最近，他／她好像都不太回我訊息。

2. 感受（情感、感覺、思考）

是我一廂情願喜歡他／她嗎？也許他／她已經不再喜歡我了。

3. 結果（產生的改變）

我開始不斷向他／她確認是不是還喜歡我。

沒人能掌控愛情

這聽起來雖然有點複雜，但要跟某個人建立戀愛關係，其實需要滿足以下幾項條件：

①A喜歡上B。

②B喜歡上A。

③條件①和②必須同時發生。

看到這裡，你不覺得戀愛跟「偶然」有很大的關聯嗎？畢竟，我們無法預知會在何時喜歡上誰。就算你希望某個人現在立刻喜歡上我，也不會因此如你所願。

所以說，戀愛其實是人無法自控的。

你無法操控他／她的情感，換句話說，對方也無法掌控你的情感。這種狀況會從開始談戀愛一直持續到戀情終止。愛情本就不穩定，彼此的感情會在什麼時候、以何種方式產生變化，都是未知數。

事實上，我認為所有擁有另一半的人，都會對伴侶的未知情感抱持著不安情緒，那種「他／她可能不喜歡我了」的煩悶感受，對於正在談戀愛的人來說，並不算少見。

每個人都有惹人愛和討人厭的一面

「我喜歡他／她的一切！」這種感受，可能只有在交往初期才會出現，當你深入了解對方，就會看到從未見過的另一面。

人有各種不同面貌，沒有人只擁有好的部分。而且，好與壞的定義，也會根據旁人的觀點有所變化。

請仔細想想你的交往對象，當然，他／她一定有許多優點，但同時也有一些缺點。同樣的，在他／她的眼中，你也是如此。在一段關係中，人們通常都會有惹人愛跟討人厭的一面。

進入戀愛冷靜期後，會開始看到彼此討人嫌之處。因此，對對方的感情可能也會產生改變。

保有自我，享受戀愛的樂趣

當你因強烈的不安全感，擔心他／她可能會討厭你時，可能會過度放大自身討人厭的一面。這樣自我設限的想法，還會讓你感到更加痛苦。

在這種時候，請試著回憶「原本的自我」。在你感到不安之前，自己是什麼樣子？享受喜歡的事物時，又是什麼模樣？假如你還是想不到，可以嘗試稍後會介紹到的方法，**透過整理過去的自身，尋找出隱藏優勢，或許就能找到線索**。

雖然在這當中，可能存在著你厭惡的部分，但一定也會有沒那麼討厭的部分。當你專注於這些事時，可能會開始覺得其實自己也沒有那麼糟。

我們無法成為只有優點，卻沒有任何缺點的人。如果只是由於不想被別人討厭，硬是要改變自我，將會為自己帶來巨大的壓力與折磨，假設因為這樣，導致你跟他／她之間的關係變得越來越痛苦……那未免也太令人惋惜了。

戀愛，應該是令人享受的一件事。

正因無法控制對方的情感，所以只靠委曲求全討人歡心，也不見得有用。既然這樣，寧可保持原先的自己，就不必為了做出改變而感到痛苦了。請保有自我，並和他／她一起度過愉快的時光吧。

四個步驟幫你找回自我

當你無法順利回想起在難過事件發生前的自我，可以嘗試從回顧過去的自己開始，尋找你隱藏的優勢。

●準備工作

將你的生活分為以下幾個階段：小學前、念小學時、讀國中時，然後寫下每個時期讓你印象深刻的事情（可以寫很多個）。

例如：我喜歡跟A出去玩。

在「準備工作」中寫下的每個項目，都試著完成步驟1～4課題，你可能會發現不同的優勢。

●步驟1

寫下這件事對你產生的正面影響。

例如：我覺得跟A在一起很開心，運動也讓我心情愉快。

● 步驟2

寫下這件事對周遭產生的正向影響。

例如：A看起來很開心，其他人也開始想跟我們一起出去玩。

● 步驟3

寫下你當時有什麼願望。

例如：我希望能一直出去玩。

● 步驟4

為了達成心願，寫下你曾嘗試過但失敗，或是進展不如你所願的事情。

例如：我在午餐時間結束前擅自離開學校，結果被老師罵了。

步驟4提到的，是你為了實現自己的願望，做出的決定。自己能夠想到，並付諸行動的決策，就是你本身的優勢。

現在，當你面對步驟4的情況時，會採取什麼樣的作為呢？請試著思考出一個更好的方法。一旦你能找到更好的辦法，那麼這個新的解決方案，也將成為你的優勢。

02 看到他跟別人親近，我好氣……

假如發生了這樣的狀況……

1. 事件（實際狀況）

看到他／她跟和其他人正在開心聊天。

2. 感受（情感、感覺、思考）

「原來他／她喜歡那種類型？」我不自覺生氣，不想看到他們聊得這麼高興。

3. 結果（產生的改變）

我開始冷暴力那個接近他／她的人。

嫉妒，是再正常不過的情感

看著他／她與自己以外的其他人開心交談，你可能會感到一陣煩躁或鬱悶——這就是所謂的「嫉妒」。

嫉妒，是人類的本能。是人都會出現這種情緒，這不是一件壞事，也沒有必要感到羞愧。再者，這並不是你可以單憑意志力去控制的情感，因此不必強迫自身不去嫉妒。

當你感受到這種情感時，最重要的是，要意識到「我正在嫉妒」。你可能會想要否認這種感覺，或者嘗試用理論來強迫自己接受一切，但是，請停止這種想法。

嫉妒，絕對不是一種不好的情緒。無論你的情感有多麼強烈，只要不做出激烈行為，就不會傷害到你，因此，你可以盡情去體會這樣的心情。

當嫉妒與負面思考同時湧現，要特別留意

然而，情感往往會帶來一些負面思考，這類思維常會連帶產生嫉妒心理，比如，拿嫉妒的對象跟自己做比較等。當我們不願意承認自身情緒，試圖否定或掩蓋自己的感覺時，較容易出現這種思考模式。

例如，「他／她應該更喜歡那個人，而不是像我這種人」，或是「跟我這種內向又陰沉的人相比，他／她應該更喜歡跟那種活潑開朗的人在一起」……這類想法並非單純的嫉妒，而是和負面思考一同出現的結果。

當負面思緒擴大時，痛苦也會隨之增加，進而引發對方可能會離自己而去的危機感。當這樣的感受逐漸加劇，你也許會對他／她的談

話對象表現出不友善的態度，甚至開始責怪他／她……。

但是，這些行為無法讓你感到好過，也沒辦法減輕原本的情緒。相反的，還可能會讓你們的關係變得更不利。

向你能夠信賴的人釋放情緒

當你看著他／她跟其他人特別親近，你的感覺也從生氣、煩躁轉變成痛苦或煩惱時，稍微「釋放」一下自己的內心情緒，也許會有很大的幫助。假如你周遭有安全的諮詢者，可以試著向對方傾訴心事。

當看到他／她和其他人走得很近，你會為此感到生氣，甚至不自覺開始對接近的那個人產生敵意……。

向你信任的人吐露這些感受，會緩和你心中的痛苦。把這些負面情緒都說出來之後，你可能會對這樣的心情一笑置之：「看我竟然嫉妒成這樣，哈哈哈！」我認為，戀愛有三大原則（參考左頁圖表3-1）。

圖表3-1　戀愛三大原則

1. 必須珍惜雙方之間的關係。
2. 應該是一種享受。
3. 無法被任何人所控制。

如果你一直陷在從嫉妒衍生出的痛苦中，每天將會充斥在負面情緒裡，倒不如用那樣的感情和時間，去享受和他／她在一起的快樂時光。

03 交往後，他不許我跟別人講話

假如發生了這樣的狀況……

1. 事件（實際狀況）

他／她突然告訴你：「不許跟我以外的人講話。」

2. 感受（情感、感覺、思考）

他／她是什麼意思？我感到非常困惑，甚至有點被嚇到。

3. 結果（產生的改變）

在學校跟別人講話時，我開始擔心是不是會被他／她看到，感覺自己沒辦法跟別人自由交談。

試圖禁錮他人，這不是愛

想束縛他／她的這種想法，往往源自於嫉妒。因為妒忌而感到煩惱或痛苦，而為了設法逃離這種情緒，便試圖去改變對方，實在不值得鼓勵。

戀愛在本質上本就不可控。想控制另一半按照自己的意願行動，根本是不可能的事。

你擁有在你想要時，與喜歡的人對話的自由，同樣的，他／她也是如此。假如雙方無法接受這一點，你們就無法珍惜彼此的關係，也無法一起共享許多樂趣。

在剛開始交往時，人們往往會將這種約束誤認為是一種「愛的表現」，然後不得已被迫接受這些限制，這樣的情況確實時有耳聞。但是，要是一直持續下去呢？你可能會開始對試圖控制你行為的另一半產生質疑，在相處上也會感受到越來越大的壓力。

即使是出於關心，還是不能禁止對方去做某件事，並且試圖將其塑造成自己想要的樣子。「他／她是不是管太多了？」如果你出現這種感覺，就不該放任不管，還是儘早處理比較好。

有一個簡單的方法，可以讓你了解現在的被束縛程度。你對於下面這句話，同意的百分比是多少？

「我可以依照自己的想法行事。」原則上，這個問題的答案應該是一〇〇％。給出的數值越小，就代表你越深受另一半約束。不知不覺間，你或許已經接受了「如果沒有對方的允許，有些事我就不能做」的行為限制。

客觀了解自己的現況，是掙脫束縛的第一步。

如果要處理這種狀況，首先必須留意，不能直接對他／她說「不要限制我的行動」，或詢問管束的原因。

由於對方很可能還沒有意識到自己正在「禁錮」你，因此，或許只會回答：「什麼？我哪有？」就把事情輕輕帶過，最後往往不會有什麼效果。

比起上述的做法，更有效的是，你不再遵從約束。簡單來說，就是不要回應他／她限制你行動的言論，無論對方是否在場，你都應該自由自在的行動。

另一半對你的行為限制，只有在你遵守的那一刻才會發揮作用。換句話說，只要你不照做，就不會發生，真正掌握主導權的其實是你。

因為不想被討厭，所以照做？

或許有些人會擔心，如果不照做，另一半會不會生氣？會不會開始討厭我？然而，只要你遵守對方的約束，他／她很可能就會得寸進尺。你真的能享受這樣的關係嗎？

如果是因為害怕被討厭，或是失去對方而維持這種關係，你的感受或許會從「因為不想被討厭，所以我選擇照做」，逐漸變成「如果不遵循他／她說的話，我就會被討厭」。到時候，你會更難逃離魔掌，也會變得更加痛苦不堪。

假如必須遵從另一方的指示才能夠維繫戀情，我並不認為這是一種良好關係。為了擺脫現狀，請你先試著改變自己。

只不過，倘若你擔心他／她會生氣而使用暴力，那麼就要避免獨自面對這種情形。我建議你先找一位大人、一個安全的諮詢者來商量這件事，並尋求協助。

04 恐怖情人對我施暴

假如發生了這樣的狀況⋯⋯

1. 事件（實際狀況）

當我拒絕他／她的邀約，對方就粗魯的抓住我的手臂，並且對我大吼大叫。

2. 感受（情感、感覺、思考）

好可怕，要是不照他／她說的去做，好像會很不妙。

3. 結果（產生的改變）

經常要看對方的臉色做事。我不想惹他／她生氣，所以無法提出反駁。

即使只有一次，也不能輕忽

暴力行為大致可以區分成下列四種：

①精神暴力：大聲吼叫、限制行動或交友關係、冷暴力、檢查對方的郵件或訊息等。

②身體暴力：揍人、拍打、踢、緊抓或扭手臂、拉扯頭髮、向人丟東西等。

③經濟暴力：不支付約會費用、欠錢不還等。

④性暴力：強迫進行性行為、拒絕使用避孕措施等。

無論是哪種類型，一旦你受到暴力對待，應該立即找一位安全的諮詢者來商談。假如身邊沒有適合的對象，可以利用由專家提供的諮商服務窗口（參考第一八三頁）。

由於施暴者是自己喜歡的人，你可能會心想「要是之後再發生，我再去找人商量」，或是「這種程度還算不上暴力」，最後選擇原諒對方。因為你擔心萬一說出實情，或許會破壞你們之間的關係。

然而，暴力行為在多數情況下，只會越演越烈，並且反覆發生。無論如何，必須儘早終止**「施暴↓使對方感到害怕↓按照自己的意願行事」**的惡性循環。

並不是因為你做錯了什麼

「我不該遭受到暴力對待。」本來，我們應該要百分之百完全同意這句話。但在被毆打時，這樣的自信心可能會產生動搖。

「對方會生氣，是因為我拒絕了他／她的邀約，是我講話方式有問題。」事實上，這樣的想法完全是錯的，你不需要為自己被拳腳相向而感到丟臉。

會陷入錯誤的想法當中，其實也是受到暴力的影響。**暴力的效果，大到會讓受害者誤以為：「這全是我的錯，所以受到這樣的待遇也無可奈何。」**

對施暴者而言，你的沉默等同於表示：「我就算遭受到暴力對待，也沒辦法違抗你。」所以，為什麼不鼓起勇氣去尋求幫助呢？

希望你無論在任何情況下，都絕對不要忘記，你是個不該遭受到他人暴力相向的存在。

05 不想被觸摸——親密行為的界線在哪？

假如發生了這樣的狀況……

1. 事件（實際狀況）

每當我們在房間獨處時，他／她就會碰觸我的身體。即使我說不要，對方也不會停止。

2. 感受（情感、感覺、思考）

這讓我感到反感和恐懼，難道因為兩人在交往，我就不能拒絕他／她嗎……？

半的態度。

3. 結果（產生的改變）

我變得不想再去找他／她，但又擔心會被討厭，開始在意起另一半的態度。

每個人都有不想被觸摸的界線

想跟喜歡的人待在一起，希望能更靠近他／她，是再自然不過了。為了能夠更貼近另一半，而想碰觸對方身體，也是很正常的。不過，在觸摸對方身體時，必須尊重其感受。

在與他人的親密行為中，哪些行為是可以的，哪些是不被允許的，這都因人而異。像是牽手、挽手臂、摸頭……無論是什麼動作，只要你感到不舒服，那就是你不想被觸摸的界線。

你不需要透過與他人比較來確定，因為判斷的標準就是你自身的感受。

舉例來說，如果你和他／她牽手時，感到安心或興奮，那就是可觸摸的範疇。反之，假如你覺得有點不太舒服、不對勁，那就是不可碰觸的範圍。

你的身體只屬於你自己

或許有些人會擔心，萬一明確表達自身感受，他／她可能會感到受傷或生氣。但請記住，你的身體只屬於自己，而非你的戀人。

不少人會認為，既然已經是戀人關係，那麼碰觸另一半的身體，或是被對方觸摸，都是一件理所當然的事，不過，其實這是錯誤的想法。只有在另一半完全允許的情況下，才能夠接觸他人的身體。

即使他／她碰觸你，是出自想表達愛意，但如果你覺得不舒服，就應該告訴對方你不喜歡。不需要顧慮他／她為什麼會採取這樣的舉動，而是應該優先考慮自己的感受。

必須清楚表述哪些地方可以碰觸，哪些地方不行。對於身體的重點部位，特別是男女的私密處，則需要更謹慎考慮。

請回想一下前面提及的戀愛的三大原則（參考第九十七頁）。如果只是因為不想被對方討厭，而忍受你根本不願意的事，那麼這樣的交往，對你來說是快樂的嗎？

當遇到忽視你意願的對象時，你應該立刻與他／她保持距離。**未經同意就觸摸你的身體，實際上是一種暴力行為**，繼續與施暴者約會，是非常危險的一件事，同時也違反了戀愛三大原則的第三點。

06 沒人想跟我談戀愛

假如發生了這樣的狀況……

1. 事件（實際狀況）

跟朋友們一起玩很開心，但是我對於自己在意的人，卻無法主動開口交談。

2. 感受（情感、感覺、思考）

我覺得自己毫無魅力，沒有人會把我當作戀愛對象看待，誰也不會喜歡我。

3. 結果（產生的改變）

因為不想參與有關戀愛的話題，我開始避開朋友，討厭看到他們熱烈談論感情的樣子。

單戀，也是一種美好的戀愛

試著回想一下你心中那個在意的人。當你想到他／她時，會出現什麼樣的感受？會想到什麼？試著把腦海中浮現的想法，全部寫在筆記本上。

看看你記錄下的內容中，有哪些事情是對方帶給你的正面影響？例如，「當我想到那個人，就會覺得很開心」、「我之後想跟他／她就讀同一所學校，所以要開始努力用功」等。

如果你從在意的對象那裡，獲得些許的正能量，那就已經是一段非常美好的感情了。

戀愛並不僅限於雙方相愛，戀人（喜歡的人）也不單單是指在一起相處的兩個人。單戀，也是戀愛的一種，只要想到對方時，便會感到高興、幸福。相反的，那些就算在一起，也看起來不開心的人，我認為他們並不算是戀愛關係，也不能稱作戀人。

回想那個還不錯的自己

「有誰會喜歡我這種人？」這並非出於一般情緒，而是源自於某些不愉快的事件所衍生出的思考。也許你曾經在戀愛或交友中有過一些不愉快的經驗，使你容易將孤單等情緒，與貶低自身的想法連結在一起。

為了能重新出發，讓我們回想事件發生之前的自己。想像你正在做喜歡的事，心情感覺還不錯。你可以複習拉麵呼吸法，放鬆心情（參考第三十頁）。

當你能夠輕鬆面對時，應該也會發現「我其實沒那麼爛」。不需要灌輸「我最喜歡自己」，只要覺得自身還不錯就夠了。當你能夠這樣想時，就會發覺你逐漸脫離負面想法了。

戀愛的目的，並不是讓對方喜歡自己

當你覺得自己沒那麼糟糕之後，**接下來請試著想想：「你希望在對方的心中，成為怎麼樣的人？」**當他／她遇到困難時，你想成為另一半的救星；在他／她特別累的時候，希望能使對方打起精神……這些事就是你所帶來的正向影響。

現在，你心中有一個非常在意的人，你覺得你們雙方能夠相互帶來正面影響。這麼一想，是不是心情稍微變得輕鬆了一點？會不會想要更珍惜對方呢？

戀愛，是任何人都無法控制的情感。雖然無法操控另一半的感受，但由於喜歡上他／她，你會發現自己其實沒那麼差，也會回想起要珍惜自我。

更重要的是，你也開始珍愛對方。如果能夠有這樣的成長，我認為，你已經擁有了一段美好的戀愛！

第4章

情緒勒索，再親的人也不可以

01 爸媽總說，這麼做是為我好

假如發生了這樣的狀況……

1. 事件（實際狀況）

沒辦法穿自己喜歡的衣服、被不斷質問要跟誰出去玩，不按照爸媽說的去做，他們就會生氣。

2. 感受（情感、感覺、思考）

感覺綁手綁腳的，沒辦法做自己想做的事。如果不按照父母說的去做，就會被罵。

3. 結果（產生的改變）

很多事情都要事先徵詢爸媽的意見，開始連小事也沒辦法自己做決定。

明確說出你不喜歡的事

父母跟孩子對於服裝或朋友的選擇持有不同意見，這是很常見的事。你會對爸媽的種種干預或指示感到反彈，也是理所當然的。爸媽有責任保護孩子。因此，當小孩可能遭遇到危險時，他們會盡全力阻止。但要是保護過頭，就會出現過度反應。

即使是出自保護小孩不要遭遇危險的心情，家長也不該試圖控制子女在生活上的所有想法。同樣的，不傾聽孩子的意見，只要他們不按照自己的話去做就發脾氣，這很不應該。

雖然父母對未成年的孩子有監護權，但這並不代表他們可以忽視子女的隱私權。擅自檢查抽屜或包包、指定日常穿著與配件，或要求孩子詳細報告跟誰出去、在哪裡、做了什麼事等，這些都是過度干涉。

即使是孩子，也有自我意識，並不歸父母所有。

假如你對爸媽的意見或態度感到疑惑，我認為你可以直接說出來，例如：「不希望被隨便翻看抽屜」、「希望能自行選擇服裝穿搭」。因為有時候，必須明確表達出來，父母才會注意到孩子的真正感受。

與父母一起討論生活規範

不過，爸媽有時也會遇到不得不表明意見的狀況。要是未成年子女到深夜還沒回家，他們會擔心和焦慮也是理所當然的事。

此外，孩子在國中、高中時期的判斷力和自主能力會有所不同，因此自主的範圍也會產生變化，這些都很正常。

你想穿什麼、跟誰出去玩、在何時去哪裡……這些問題並沒有正確答案。**與父母商討，透過彼此磨合意見，或許可以制定出一些規定，例如，「現在這樣做沒問題」、「有這類狀況就要立刻告知，並跟爸媽討論」等。**

大人試圖控制孩子的生活細節，確實有問題，但生活難免需要一定的規矩。

小孩覺得爸媽煩人，父母也對孩子管束太甚，或許在某種程度上來說是無可避免的，最理想的狀況是能一起定出一套雙方都能接受的生活規範。

02 父母只在乎我的成績好不好

假如發生了這樣的狀況……

1. 事件（實際狀況）

爸媽會因為考試成績，明顯表現出高興或不悅，還會拿我跟其他朋友做比較。

2. 感受（情感、感覺、思考）

努力了卻得不到肯定，這讓我覺得很痛苦，就好像否定了我的一切，我很失望，有種被逼到無路可走的感覺。

3. 結果（產生的改變）

我開始討厭念書，覺得學習是一件很痛苦的事。

試著轉換想法：只看重成績，是爸媽的問題

「成績好，就是一件好事！」這通常是因為父母特別重視升學與考試。當然，成績代表學習結果，但無論是讀書還是運動，努力和結果並不一定成正比。

有時我們在投入過後，仍然看不出什麼成果，有時不怎麼努力，卻意外獲得了不錯的成效。即使結果不盡理想，你所付出的努力絕對不會白費，因為這會為你帶來正面影響力。

念書本來就不是只為了在考試中拿到好成績。學習應該源自於好奇心與求知慾，並且從中提升自我。

父母過度關注成績，可能陷入了只要結果好就好的思考模式。他

們或許忽略了你的努力，以及這些過程帶給你的成長與收穫。

雖然只重視成績不是件好事，但要改變父母的既定觀念並不容易。或許可以換一種思考方向，將這件事視為爸媽的問題，而不是你自己的問題。

他們因為你的成績感到高興或失望，並不會影響到你本身的價值。考試的分數，只不過是一個結果而已。

無論結果如何，你至今的努力和學習所獲得的知識，都會成為提升自我價值的助力。

從學習中獲得的不僅是知識，還包含發掘自己對某些事物的興趣，或是發現自己出乎意料的專注力等，這些都是讀書帶給你的正面影響力。

除了與未來升學或職業相關的課程，每個人都會有想要學的技能。其中有很多事物，並沒有包含在國中或高中的學科當中，即使在考試時沒有拿到好成績，或許只是因為你還沒有遇到真正感興趣的事物。

父母如果只看重成績，可能只是把他們的焦慮投射在你身上，但這不會改變你的自我價值。只要按照自身的想法繼續學習，並不斷從中獲得正向影響，你未來的道路將會更加寬廣。

03 永遠把我當成長不大的孩子

假如發生了這樣的狀況……

1. 事件（實際狀況）

爸媽完全不聽我對升學的看法。

2. 感受（情感、感覺、思考）

我既生氣又失望，感覺被父母忽視了。

3. 結果（產生的改變）

不再向他們表達我的想法。

每個小孩都有權利選擇自己的未來

每個孩子都有想做的事，父母則有保護和健康養育他們長大的責任。由於雙方立場不同，往往會意見相左，你感到煩躁也很正常。

然而，對於小孩的將來，爸媽最應該給予尊重。我認為，子女們有自行選擇和決定未來的權利，且應該受到完善的保護。

許多父母對孩子的未來，都會抱持著「希望小孩可以成為這樣的人」、「希望他們能過那種生活」等期望，而去干涉子女的升學計畫。

為了保護孩子，有些事情確實需要由大人來指導，但如果是因為他們還小、還不懂事，就事先預設立場，並將孩子引導至爸媽認為的正道上，這便已經是過度干預。

父母需要保護的是孩子現在的生活。至於未來會如何，則應該放手讓他們自己做抉擇。即使是未成年人，在決定未來出路的這件事上，也不該被當作是個長不大的孩子。

了解自身優勢，持續與父母溝通

在升學計畫上與爸媽意見不合時，不要輕易放棄。首先，把自己所有想法告知周遭的安全諮詢者。

他或許能幫你說服父母，即使最後遊說不成也沒關係，向對方述說你的想法，有助於重新審視並整理情緒。不妨試著找到能理解你想法的成年人，讓他們聽聽你的心聲。

對方了解你的想法之後，可能也會給出一些看法或意見。如果能跟不同的人聊聊，也會得到不同角度的建議。

他人的觀點能讓你接觸到新資訊，並且重新審察、面對自我，有助於更深入思考。

在深思熟慮過後，假如你仍然堅持自身的升學理念，那麼，對未來的堅定信念、傾訴對象給予的建議，以及根據這些意見所統整出的想法等，都將成為你的優勢。

了解到自我優勢之後，持續「洗腦」父母吧。

04 習慣扮演乖乖牌

假如發生了這樣的狀況……

1. 事件（實際狀況）

爸媽約我週末出去走走，雖然不太想出門，但我還是裝作很高興。

2. 感受（情感、感覺、思考）

我不想讓父母失望，擔心如果違背了他們的期望，他們會因此不開心。

3. 結果（產生的改變）

跟父母相處很累。

看人臉色非常累

子女不聽父母的話常常被視為是不受管教，而凡事都遵從父母的意願，則被認為是理所當然，甚至是一件好事。

有些孩子會強烈感受到父母的期望，總是思考：「爸媽現在在想什麼？」學著看父母的臉色行事。這樣的小孩，可能不會將自己的意願擺在第一順位，這會使他們活在大人建構的框架之下，無法自主行動。要隨時當個聽話的乖孩子，是一件非常累人的事。

如果你總是習慣思索怎麼表現才對，並試圖迎合父母的心情，那麼就容易失去理解真實情緒的能力，甚至很難自行下決定。這種過度壓抑自己、配合他人的行為，我們稱之為過度適應[2]。

試著找出自身的隱藏優勢

當你處於上述狀態時，會逐漸累積心理壓力，除了容易覺得累，還會失去信心。在這種時候，你可以試著回想原本的自己。

事實上，我們擁有許多隱藏的優勢，但在壓力重重，且感受到強烈痛苦時，往往無法察覺到這些優點。因此，請先試著回憶感受到壓力前的那段時光。

回想一下在念國中、小學，甚至是幼稚園時的你……**就算和父母待在一起，也不會感到特別累，那時候的你就是原先的自我**。

2 這個詞彙常見於日本精神科，首度使用這詞語的學者北村晴朗認為，應區分為內在適應及外在適應。外在適應是指適應社會、文化環境，內在適應則是指體驗幸福與滿足感，並有利於內心安定。把犧牲內在需求來獲得外在適應，而導致內在適應發生一系列異常情況即為過度適應。

接下來，讓我們從過去記憶中找到原本的自己。

- **你的言行是否曾讓周遭的人感到開心？**
- **有沒有因為別人做了什麼事而感到高興？**
- **那時候的你想要做什麼？**
- **為了實現你的願望做了什麼事？**

以上這些回答都會是你的優勢。你有很多優點，不需要看父母的臉色說話、行事。你可以懷抱自信，隨心所欲做自己。

建立一份談話清單，重拾自我

請在左頁圖表4-1寫下一直想告訴爸媽，但還沒說出口的事。想像說出口後的場景，並為每一件事的壓力程度打分數（滿分十分）。

圖表4-1　想與父母說的對話清單

想告訴爸媽， 但還沒說出口的事情	壓力程度（滿分10分）
我討厭番茄	1
希望能將門禁時間延後1個小時	5

無法擺脫過度適應是因為覺得只要順從爸媽，就可以避免衝突，但這也只是暫時性的解決方法。長此以往，你將會越來越不了解自身，壓力也會逐漸增加。為了緩解這種痛苦，就需要放棄當乖小孩，以真實樣貌去面對父母。

回歸自我的第一步，就是建立談話清單，並嘗試從壓力程度較小的項目開始對大人提起。如果你缺乏勇氣，可以在心中說「我跟爸媽可以有不同的意見」、「意見衝突是人生的養分」，以上這兩句話是我特別推薦的自救咒語。

05 他們對哥哥比較好

假如發生了這樣的狀況……

1. 事件（實際狀況）

爸媽都對哥哥比較好，每次有什麼事情，他們總是拿我（妹妹）跟哥哥做比較。

2. 感受（情感、感覺、思考）

感覺自己好像比哥哥差而感到生氣。

3. 結果（產生的改變）

開始討厭哥哥，也越來越常和他吵架。

就算是兄弟姊妹，也該被視為不同個體

爸媽經常忘記子女是不同的個體，雖然都是同一對父母所生，但兄弟姊妹之間各有不同的性格與喜好，也會走向不同的人生。

然而，爸媽卻時常期待孩子們追求同樣的事物，或是假設他們都喜歡相同的事。

出生順序也經常會影響父母對小孩的期望，例如，賦予孩子們不同的角色，對長子說：「你是哥哥，應該要好好努力以身作則。」對弟弟、妹妹說：「哥哥都能做到，你也可以。」

雖然大人並非有意如此，但對孩子們而言，可能形成一種痛苦與壓力。他們會因為父母的一言一行而陷入煩惱，而苦惱的類型則因人

而異。

我完全可以理解妳對看似得寵的哥哥感到不滿，不過這件事並不是哥哥本身的錯，他也可能因為父母而備受煎熬，這跟妳身為妹妹所經歷的煩惱或許完全不一樣。

父母有時會偏心其中一人

妳對哥哥反感，是由於爸媽偏心。身為父母，應該公平對待所有子女，但總是說得到做不到。

每個孩子的性格都有所不同，比如，當哥哥很會迎合長輩，而妹妹卻不太擅長時，會如何呢？父母對於配合度高的哥哥，自然會覺得相處起來比較舒服，心中就不自覺希望妹妹也能做到同等的事。

然而，妹妹和哥哥本就不同，怎麼可能完全按照爸媽的期望去做。如此一來，他們便會感到失望，並表示：「妹妹為什麼不能跟哥哥一樣？」最終導致差別對待兩人。

矛盾的是，即使小孩對於這種差別待遇感到不滿，但父母在大多數情況下仍不會認為這是偏心。

這時，子女必須嘗試表達出具體的希望事項，要將你／妳的需求，以爸媽能夠理解的方式表達出來。

首先，要思考妳希望父母該怎麼做。重點在於，不要混淆妳生氣的點和自身期望。比如，當妳不滿爸媽只會稱讚哥哥時，誤以為自己希望的是「父母不要只稱讚哥哥」。

但是，請仔細思考一下，假如他們真的照妳說的做，妳就會滿意了嗎？我想，並沒有這麼簡單，因為爸媽對妳的態度並沒有任何改變。

在這種情況下，「不要只稱讚哥哥」就是妳生氣的點，而妳真正的期望可能會是：「我也有擅長的事，希望得到爸媽你們的認同，並且稱讚我。」

「我希望你們能……」

當妳了解自己的期望之後，就需要告知父母。**在傳達想法時，一定要用「我希望你們能～」這種正面語句來表達**。

妳可能會想問，為什麼需要這樣做？原因在於，當妳說「我不希望你們～」或是「我不想被～」時，爸媽或許會感到困惑。例如，如果妳只是說：「我不希望看到你們老是偏袒哥哥。」很可能會遭到父母全盤否認。

許多時候，大人們本意並非如此，因此，要他們改進可能會有難度。不過，如果是說：「我希望你們能～」他們立刻就能具體了解妳的想法。

雖然這可能需要花一點時間，但請妳仔細思考一下，「希望爸媽能這樣對我」或是「希望父母能夠這樣看待我」。如果你能好好說出這些願望，相信他們一定能夠理解妳的想法。

06 父母爭吵，一定是我做錯了什麼？

假如發生了這樣的狀況……

1. 事件（實際狀況）

爸媽每天都在吵架，甚至還會大吼大叫。

2. 感受（情感、感覺、思考）

真可怕，對於爭吵不休的父母，我感到很惱火。我也曾經想過，他們會吵得那麼凶，是不是因為我？

3. 結果（產生的改變）

不想跟爸媽待在一起，但即使他們不在身邊，我也會想起當時吵架的畫面，覺得待在家裡備感壓力。

請找家人以外的對象商量

無論是哪對夫妻，都可能會發生爭吵。但我認為，大人應該盡量避免在孩子面前起爭執。

以這種狀況來說，**即使你告訴爸媽：「希望你們不要再吵架。」也很難真正解決問題**。時常吵架的父母，很可能各自認定那是對方的錯。因此，即使嘗試與他們溝通，也很難順利改善。

為了避免衝突，而要求其中一方忍讓，也不是根本的解決之道。就算暫時停止爭吵，被迫忍耐的一方也會累積不少壓力，情緒遲早會爆發。

由於父母親都是當事人，所以務必尋求家人以外的人來予以協助。如果你能找到一位不是你的親戚或家人的安全諮詢者，就可以進一步找對方商量，並告知其家裡狀況。

之所以避免找親戚，是因為他們是你雙親的家人。在這種情況下，許多人可能會不自覺想站在自家人那邊。如果他們想護短，或許會難以面對吵架的實情，以及你所承受的煩惱。

父母會吵架，錯不在你

無論大人爭吵的原因為何，那都是他們的問題，你不該為此承擔任何責任。

不過，看到親人之間發生激烈爭執，孩子自然會感到痛苦，同時也可能產生恐懼，甚至是憤怒心理。在這種混亂的情緒中，很容易出現「他們是不是因我而吵架」的想法。

原則上，爸媽不應該讓小孩看到激烈爭吵的場面，因為父母理當全力保護子女免於受傷害。

如果你覺得：「爸媽會吵架，是不是我害的？」那是因為你目睹他們大吵大鬧的模樣，使你一時之間產生混亂，你不會是父母爭吵的主要原因。

你值得被別人愛護，被迫看到不想看的情景，確實是很痛苦的一件事，但也別因此過於自責。

07 這是虐待，不是愛

- **身體虐待：**被家人打等。

假如發生了這樣的狀況……

1. 事件（實際狀況）

比門禁時間稍微晚一點到家，就會被爸媽揍。

2. 感受（情感、感覺、思考）

覺得好可怕、好痛，是我的錯，沒有好好遵守門禁時間。

3. 結果（產生的改變）

開始害怕回家。

- **心理虐待：**被家人忽視、受到尖銳的言語攻擊等。

假如發生了這樣的狀況……

1. 事件（實際狀況）

雖然爸媽會和兄弟姐妹正常對話，但他們總是忽視我。

2. 感受（情感、感覺、思考）

真令人難過，又好生氣，我是不是哪裡做錯了，才會被無視？

3. 結果（產生的改變）

我不想待在家裡，開始討厭見到家人。

- **性虐待：**近距離肢體接觸、對方說出猥褻言詞等。

假如發生了這樣的狀況……

1. 事件（實際狀況）

父母親或兄弟姐妹隨便碰觸我的身體。

2. 感受（情感、感覺、思考）

好不舒服，我覺得我不被重視，我是不是做錯了什麼？

3. 結果（產生的改變）

害怕跟家人待在一起，不想回家。

- **疏於照顧：**無法充分獲得日常生活上的照顧。

假如發生了這樣的狀況……

1. 事件（實際狀況）

爸媽常常到深夜都還沒回家，也沒有幫我準備任何餐點。

2. 感受（情感、感覺、思考）

感覺好孤單，他們是不是根本不在乎我？

3. 結果（產生的改變）

我對父母感到絕望，也覺得自己毫無價值。

這些都是虐待行為

・身體虐待

意圖使他人的身體感到疼痛，是無法被容忍的行為。即使是家人，施暴、傷害身體，或把人關在家門外等，都有可能屬於身體上的虐待。

家長或許會覺得這是教育的一部分、管教孩子等，正當化對子女們的暴力行為。但是，即便孩子出現了不適當的舉止，也不代表父母有權對他們施暴。

遺憾的是，仍有不少大人認為，小孩如果不聽父母的話，就應該受到處罰。然而，暴力和指導、教育是完全不同的兩回事。即使雙方是親子關係，也不代表能對孩子動手動腳。

‧心理虐待

恐嚇、否定他人的人格，或是長期忽視等，都可能構成心理上的虐待。

當孩子做了父母不喜歡的事，可能會因此被訓斥。但是，說這些話應該是為了讓子女明白，怎麼做才適當。如果講話時深深刺傷了子女的心，他們不僅無法從中學到任何事情，還可能構成心理虐待。

‧性虐待

即便是家人，也不能隨意觸摸身體、說出猥褻的言詞、露出私密部位，以及做出不當行為。不僅限於強迫性行為，上述這些舉動也可能符合性虐待的定義。

是否構成性虐待，取決於你自身的感受。他們不該觸摸你的身體，特別是私密處。即使不是這些部位，只要你感到不舒服，對方就不該這麼做。

雙親或是兄弟姐妹或許無意觸碰你，但他們的想法並不重要，最重要的是發生了什麼事，以及你的個人感受。

・疏於照顧（棄養）

除了暫時將孩子獨自留在家中，若父母無法提供子女最基本的飲食和乾淨的換洗衣物，也可能符合疏於照顧的定義。

確保孩子日常的「衣食住」，也是家長的重要責任之一。到了國中、高中，往往會讓孩子獨自待在家中，然而，如果爸媽明知會到深夜才回家，卻沒有提供任何食物，那就大有問題。

如果持續發生，小孩也只能適應這樣的環境……最終，導致他們覺得自己不被重視。

與觀念正確的人商議家中情況

受到虐待的孩子常常會自責，覺得這都是自身的錯。但你要知道，虐待行為百分之百是施虐者的錯。**只是因為你的身心靈受到傷害，才會覺得好像是自己做錯了事。**

虐待不是你一個人能夠解決的問題，應該盡快找到一位可信任的大人，並與他商量相關對策。

然而，詢問有關虐待的問題時，要特別謹慎。有些人仍帶有成見，例如，認為不打不成器，或是父母親有權幫子女做決定。這都是錯誤的，簡單來說，就是不正確的觀念。然而，很多時候，人們並不會意識到這些是不對的。

即使大多時候，對方可以成為你安全的諮詢人士，但有時他們也會在虐待的問題上產生錯誤觀念。如果你發現在談話過程中，對方的三觀不正，那麼他就不適任。你應該停止和這個人商議，且尋找另一位合適的大人。

有關青少年虐待問題，目前具備充足知識的人並不多。假如周遭實在沒有能夠勝任的大人，也可以尋求專業人士的協助（參考第一八三頁）。

第5章

青春期，總徬徨不安呀！誰可以幫幫我？

01 老覺得同學比我厲害

假如發生了這樣的狀況……

1. 事件（實際狀況）

好朋友參加的社團，拿到了區域大賽冠軍。

2. 感受（情感、感覺、思考）

覺得對方好厲害，但自己卻沒有做出任何成績，有點沮喪。

3. 結果（產生的改變）

光是看到那些全心投入課業或社團活動的人，心裡就很難過。

成果主義的魔力，使人們只追求結果

當被問到未來夢想時，大多數人都會回答職業，像是運動員、研究者、設計師等，而為什麼大部分的人都會這樣答覆？

或許我們會把每個人的職業，視為是兒時努力的成就。為了獲得成果，從小就全力投入課業或運動項目上，並且認為只要能做出成效，未來就會有更美好的人生。

為了取得好成績或達成目標，我們選擇不斷努力。在人們心中，似乎已經內建了這組社會所創造出的系統。在這個系統中，能拿出實質成績的人，便會受到讚美。獲得他人的認同或稱讚，是一件令人愉快的事，它能帶來「我的努力有所回報」的美好心情與成就感。

我認為，這種愉快的情緒中，潛藏著某種力量，甚至可以稱之為「成果主義的魔力」。由於這容易使人上癮，在使用時必須特別謹慎。

人生只為取得好成績？

當人們陷入成果主義的魔力，就會**格外想得到周遭人們的認同**。結果似乎代表一切，唯有取得好成果，才會被認為是好事、值得讚美的事。

那麼，如果最終沒有獲得好結果，會怎麼樣呢？很有可能會出現負面情緒，覺得自己根本一無是處，也不值得他人稱讚。

為了做出成效，你可能會過度努力，或是選擇承受痛苦。當然，努力和忍耐都不是壞事，但最重要的是，這是出自誰的決定？

如果這是來自於你真正的個人追求，那麼執行嚴格的運動訓練、極限學習方式等，都是好的努力。

實際上，為了取得頂尖成績，我們往往會被他人強加壓力，或是為了滿足周遭人們的期待而竭盡全力，而這終究不是長久之計。

即使最終能取得好成果，但過度努力與長期忍耐，都會形成巨大壓力，況且，你的努力並不會總是獲得回報。從這個角度看來，只追求好成績，是否是學校生活的終極目標？對於大部分的人來說，這可能都是一種痛苦。

不是無法發光發熱，而是還沒找到對的事

看到朋友在比賽中拿到冠軍，會感到沮喪，那是因為你覺得自己很「無路用」。但現在的你，並非無法取得成就，而是還沒有找到讓你全心投入的事物。

在國中、高中能學習到的科目，以及參加的社團活動種類實在是非常有限。在「學校」這個狹窄的框架內，或許沒有特別讓你感興趣

的東西，而且這樣的人其實還不少。

雖然現在校園生活是你的重心，不過這也只是你走向世界的一小步。當你快要被成果主義的魔力吞噬時，請試著想像一下你的夢想。

這裡所提到的夢想，並不是職業。**你成為大人之後，想要過什麼生活？你希望帶著什麼樣的心情度過每一天？**嘗試設想你未來的生活，是不是感到有些期待了呢？

夢想有各式各樣的形式。能連結夢想的，是做你喜歡做的事、學想學的知識，以及那些一想到就會感到心情愉快的事物。而對於你感興趣的事，也不一定非得做出實質成績。因此，不需要透過和朋友比較，來為自己的夢想打分數。

02 無論做啥都提不起勁

假如發生了這樣的狀況……

1. 事件（實際狀況）

與好朋友在一起會感到疲倦，覺得社團活動不再有趣，成績也開始變差。

2. 感受（情感、感覺、思考）

無論做什麼事都感受不到樂趣，感覺一切都好麻煩，沒辦法集中精神。

3. 結果（產生的改變）

去學校好痛苦，甚至連原本很喜歡的社團都不想去了。

身體疲勞也會對心理造成影響

曾經喜歡、享受的事情，已經無法讓你感到快樂。即使沒有特別的煩惱，也覺得和朋友們出去玩好麻煩。以前能正常學習，現在卻無法專注。

當你發現沒辦法做到以前能做的事，或者無法享受以前喜歡的事物時，你可能會自責「為什麼我做不到了？」、「我必須跟以前一樣才行」，進而產生「我什麼都做不好，我是一個非常沒用的人」的負面想法。

這種情緒上的變化，在青春期很常見。如果你能在一、兩週內恢復如初，那就不必太過擔心。不過，要是沒有改善，你或許就需要檢查身體。

當你發燒時，是不是會感到特別疲倦？同樣的，當身體某處不舒服時，也可能影響到心情。我們平常容易將生理跟心理問題分開來考慮，事實上，兩者密切相關。

在學習或交友等方面，你或許會覺得無法做到以前能辦到的事，而這有可能是因為健康問題所引起的。有時候，身體出毛病不一定會有明顯的症狀，所以我認為有必要健檢。

首先，你可以先去找家庭醫生，或者是去小兒科、內科看診。即使你並沒有感到身體特別不適，也還是可能會有貧血等隱性病症。

如果身體檢查沒有問題，那麼你可能需要考慮檢測心理。當你看到心理健康這個詞，或許會覺得：「咦？這聽起來好像不太妙……。」

但是，如果你覺得現在的自己跟以前有所不同，可能是由於身體某處的過勞，其中當然也包括大腦。當大腦過度疲憊，可能會連帶影響到你的心理健康。換句話說，**有時心理失衡，是由於大腦在內的身**

體感到疲勞所致，這跟個人的精神狀況無關。

看身心科很正常

國、高中生通常會在兒童青少年精神科進行心理健康檢查，如果家裡附近沒有這類科別門診，也可以去掛身心內科或是一般精神科。最好在就診前先聯絡醫生，確認他們是否提供青少年的心理診療。

即使醫院或診所沒有明確標示兒童青少年精神科，許多精神科醫生也有豐富的心理診療經驗。如果你不確定該前往哪裡就診，可以在網站上收集一些相關資訊。

有關心理健康的問題，你或許會猶豫說：「我應該為了這點小事去大醫院嗎？」如果你覺得自己身心好像有點不對勁，那還是得盡速就醫。

請不要抱持著「稍微忍耐一下就會好起來」、「誰都會有煩惱」

等消極態度，幾乎沒有人能夠正確判斷自身心理健康狀態（＝大腦疲憊狀態）。

一般的健檢是為了確認身體是否康健，心理健康檢測也是如此，就診是為了確認心理的健康狀態。診斷大腦疲勞程度，是醫生等專業人士的工作。雖然你可能會抗拒就醫，但請想成普通的身體檢查，並向醫生尋求協助。

03 我的身體和心理性別不一致

假如發生了這樣的狀況……

1. 事件（實際狀況）

無法接受身體產生的變化，對穿制服感到不舒服，覺得生理與心理的性別不一致。

2. 感受（情感、感覺、思考）

自己是不是有點奇怪？覺得備感困惑。

3. 結果（產生的改變）

雖然很痛苦，卻無法和任何人商量。

身體與心理性別有時不一致

每個人都有「生理性別」和「心理性別」。

身體與心理的性別並非絕對一致，有些人可能同屬於男性和女性，而有些人則是跨性別（Transgender）人士，即生理男心理女或是生理女心理男。

撇除身體性別，有部分的人不希望自己的心理性別被定義為男性或女性。

此外，隨著年紀增長，性別認同（Gender identity，指的是你認為自己是什麼性別的人）也可能會產生變化。

除了生理和心理的性別，性傾向（Sexual orientation，基本分為異性戀、同性戀、雙性戀三種，而無性戀有時則被視作第四類）也因人而異。也就是說，將上述這些排列組合，會造就多元性別的可能性。

如果身體和心理的性別不一致，你或許會在日常中感受到困擾。尤其在學校這種群體生活中，往往會按照身體性別來劃分。因此，可能會在服裝、如廁、更衣、健康檢查等場合感到特別不知所措。

目前在日本，文部科學省要求學校對身體和心理的性別不一致的學生，必須採取「個別且仔細應對」，並強調，不應該只是依據生理性別將學生區分成男、女，而是根據每個人的狀況來做出應對、調整。這也表示，校方也正在建立協助學生解決相關困擾的體系。[3]

3 在臺灣，根據《性別平等教育法》第十二條規定：「學校應提供性別平等之學習環境，尊重及考量學生與教職員工之不同性別、性別特質、性別認同或性傾向，並建立安全之校園空間。」

學生有權要求改善

這種類型的煩惱，可能很難找人商量。但當你感到難過時，應該先尋找一位安全的諮詢者來訴說自身感受。

向大人尋求幫助的原因是，他們可以協助你向學校提出請求。如果身邊沒有適合的諮商對象，請不要獨自苦惱，亦可尋求專業人員的幫忙（參考第一八三頁）。

為了不讓學校變成讓你感到痛苦的場所，如何減少在校園生活中的不適感，是一件非常重要的事。

你有哪些特別無法適應的地方？穿制服？上廁所？不管是什麼，如果你為此感到痛苦，可以要求校方提出改善方案。

這並不是什麼特殊待遇，而是為了守護你學校生活的必要事項。因為你值得被保護，所以有權請求校方檢討相關措施。

04 每天都覺得好累

假如發生了這樣的狀況……

1. 事件（實際狀況）

發現自己跟好朋友分在不同班。

2. 感受（情感、感覺、思考）

難以適應新的班級，超級緊張，每天都覺得很累。

3. 結果（產生的改變）

開始頻繁向學校請假。

有時不努力也是種努力

我認為，你之所以會感到疲倦，是因為想努力去適應新環境。你或許是想讓新班級的生活變得更好，因為不想失敗而覺得緊張，或者在意周圍的同學。雖然嘗試適應新環境是件好事，但過度努力可能會造成心靈負擔。

在開啟一段新生活時，多數人都會產生「好，我要竭盡心力！」的想法，並充滿了幹勁。然後，你內在的「努力角色」就會開始積極運作。

這個角色有著極低的存在感，即使拚命往前奔跑，你也可能感受不到自己有在努力，只會覺得明明最近我什麼都沒做，怎麼會這麼累？而這其實就是你奮發向前的證據。

首先，你應該重新檢視從分入新班級以來，曾做過的努力。你可能為了交新朋友，積極的找人說話，或是為了不被班上同學冷落而配合別人，甚至一直提醒自己要保持微笑……你所做出的努力或許遠超乎你的想像。

上述這些也許有助於你適應新班級，讓你一開始過得還算順利。

接下來，我們應該踩煞車。因為如果任其發展，你可能就會暴衝。長時間竭盡心力，你一定會覺得累，因此有必要提醒自己不努力。

用兩種辦法來抑制努力

抑制努力的有效方法，主要有兩種（參考下頁圖表5-1）。

第一種是延後目標。例如，我希望能在五月的運動大會前交到朋友，但好像有點難。如果你因為即將到規定時限而感到心急，內在的

圖表5-1　運用兩大方法安撫自己

努力角色就會開始運作。這時候能幫助你的，就是延遲原先的計畫。

假如你交朋友的期限是五月的運動大會，內心自然會覺得我必須做點什麼才行！但如果往後延期，那麼就無須著急。你可以創造一個「就算現在不努力，也沒關係」的情境，這樣一來，便能抑制努力。

第二種是對自己溫柔一點。

當好朋友感到疲累時，你會怎麼安慰他們呢？請把那些話說給自己聽。「努力角色」是你體內重要的一部分，只要認同他，並且溫柔以對，應該就能減少因持續努力所帶來的疲憊感。

05 考上好學校不是人生唯一目標！

假如發生了這樣的狀況……

1. 事件（實際狀況）

開始要準備升學考試。

2. 感受（情感、感覺、思考）

光想到可能沒辦法考上好學校，就覺得好害怕。

3. 結果（產生的改變）

無法專注在學習上。

合格與否取決於你怎樣應對

考試合格與否，全都是由分數來決定。因此，有時候該聚焦的不是你的個人感受，而需要透過數字來判斷。

在這種情況下，可以從模擬考等考試結果，分別討論哪間學校應該可以順利考上，哪間可能有點難考上。

學著控制心中的不安

事實上，準備升學考試產生的緊張感，也源自於不安。不過，如果完全沒有焦慮情緒，也許很多人就不會繼續用功了。只要能夠將其控制好，這種感受也不全然是壞事。然而，如果情緒太過強烈，甚至影響到你的專注力或是健康，那就會是個問題。

當不安感過於強烈，負面思考便有可能跟著出現，例如，「要完美解題，我才能夠考上！」或是「一旦無法完全理解這個問題，我就沒辦法繼續前進」。

若找到引發不安情緒的想法，請賦予它一個名字，比方說「完美主義角色」。這個命名的過程，能夠讓你更容易意識到是什麼原因在擾亂你。

接下來，思考能夠與之抗衡的對手。想像出一個能夠溫柔安撫充滿負面情緒和焦慮的另一個角色，可以是認同努力的「ＯＫ角色」，或者是隨性自在的「沒問題角色」等。

在學習過程中遭遇困難，感受到強烈不安時，就是「ＯＫ角色」的登場時機：「你已經做得很好了，這樣很ＯＫ」、「明天再繼續努力也可以」。請嘗試用這些溫和的語言去安撫和鼓勵自己（參考左頁

圖表5-2　為了緩解強烈的不安感，你該這麼做

① 為強烈不安感取名。
② 想像出一個能夠對抗 ① 的角色。
③ 當 ① 開始行動時，派出 ② 來應對，並且安撫自身情緒。

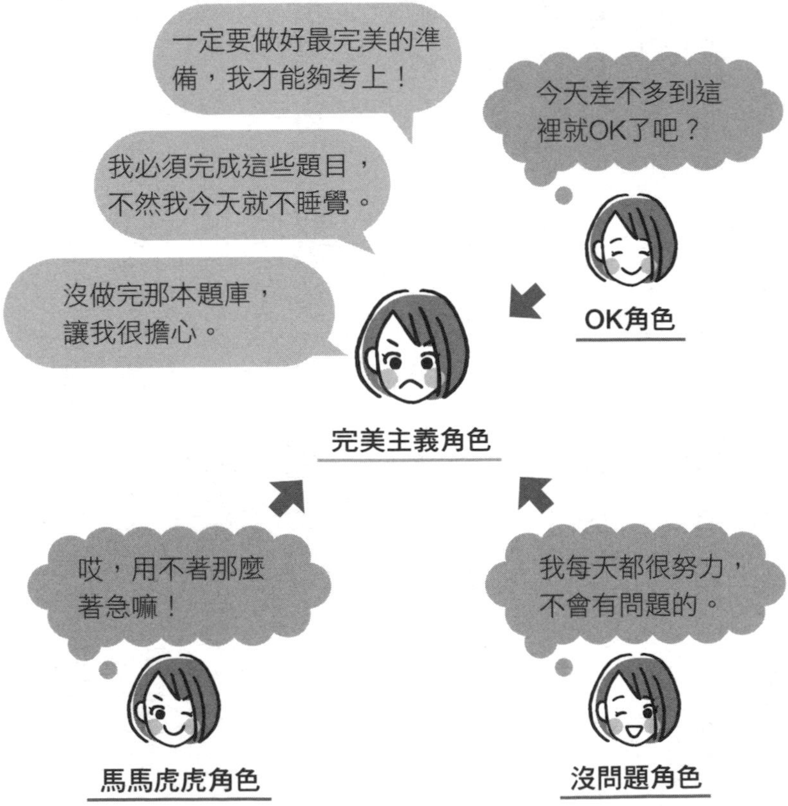
一定要做好最完美的準備，我才能夠考上！
我必須完成這些題目，不然我今天就不睡覺。
沒做完那本題庫，讓我很擔心。
今天差不多到這裡就OK了吧？
OK角色
完美主義角色
哎，用不著那麼著急嘛！
我每天都很努力，不會有問題的。
馬馬虎虎角色
沒問題角色

圖表5-2）。

學習有時會進展得很順利，有時可能沒那麼有把握，這都很正常。借助不同角色的力量，你會更容易接受那些不順遂。我想，你內心的不安感也將逐漸緩和下來。

哪間是你心中真正想去的學校

若你的成績不及格，自然會焦慮自己可能沒辦法考上。試著詢問自身，你想進入理想學校就讀的期望百分比為何，且每天都記錄下在開始用功之前，想去該所學校就讀的程度。

先不要給自己灌迷湯，「我必須去念那所學校」或「我可能可以做到」，而是單純考慮你的期望指數。

如果你非常想考進理想學校，而且這個百分比會因為你怎麼用功而有所提升，那麼這就是你內心的真正想法。如此一來，願望能夠化為動力，隨著你持續努力，心中的不安也會逐漸減少。

但是，有時必須做出實際抉擇。你可以事先選定志願，並以此為目標努力。

如果你其實並沒有很想去這所學校，那麼請思考一下你真正想要的是什麼，並重新考慮適合的。

附錄

煩惱時，能提供協助的窗口

（按：本篇內容已調整為臺灣的相關資訊。）

▼113保護專線

這是二十四小時全年無休的服務專線，如果你或家人、朋友遭受家庭暴力、性侵害或性騷擾的困擾，或是你知道有兒童、少年、老人或身心障礙者受到身心虐待、疏忽或其他嚴重傷害其身心發展的行為，你都可以主動撥打113。

盡可能提供相關「人、事、時、地、物」資訊，清楚提供被害人所在地理位置、相關身分資訊，以及詳細舉報內容，例如：被害人目前意識狀態、事件發生的原因、時間、頻率等，與線上社工人員討論，讓政府公權力及時提供保護及協助。

另外，如果你是聽語障者或不便言談的朋友，也可以傳簡訊至113，或利用線上諮商與保護專線的專業人員聯繫。

▼男性關懷專線（0800-013-999）

為了讓全國男性有訴說心事與討論其困擾之管道，每日早上九點至晚上十一點免費提供線上諮詢服務，傾聽來電者訴說心情、討論其困擾及提供專業法律諮商與資源轉介。

男性關懷專線全年無休，若發現身邊有家庭困擾及疑似有家庭暴力議題的男性朋友，可鼓勵他們經由該專線的協助，找到心理壓力紓解的窗口，並藉由專業人員的輔導，獲得及時的關懷與援助，讓愛與和諧在每個家庭中扎根與滋長。

▼1995協助專線（諧音：要救救我）

提供全日二十四小時電話輔導，對於各種心理困擾的問題，均提供服務：包括自殺防治、危機處理、婚姻家庭、男女感情、法律或健康、交友關係、精神心理協談等。事先電話預約後，便有專業人員為你輔導。若因不便使用電話而以信函投訴之個案，均會有專人答覆。

▼1925安心專線（諧音：依舊愛我）

現代社會步調快、壓力大，面對生活、學業、工作或其他事件，可能造成情緒困擾、心理壓力或自殺問題，只要你有需求，即可利用市話或手機撥打該專線，就會有專人提供線上諮詢服務。

▼1980張老師服務專線

協助當事人處理情緒及各項生活適應上的困擾，並處理當事人立即性問題。另外，尚有提供面對面協談、電子郵件諮詢（1980@1980.

org.tw）、網路訊息輔導等方式，運用輔導技巧，陪伴當事人面對與因應各項生活、心理適應困擾。

服務時間為週一至週六早上九點至十二點、下午兩點至五點、晚上六點至九點半，週日為早上九點至十二點、下午兩點至五點，而網路輔導的時間為週一至週六晚上六點二十至九點半。

▼青少年心理健康網路支持平臺

秉持生命線陪伴與傾聽的初衷，藉由電話以外的文字協談，提供青少年族群情緒支持，增加心理健康問題可求助管道的服務平臺。服務時間為每週一至五下午一點到晚上十點。以社群帳號進入本平臺，提供匿名協談服務。

①本會官方臉書按讚：臉書搜尋「社團法人國際生命線台灣總會」，按讚後，使用發送訊息功能，即可進入本平臺。

②本會官方LINE帳號：LINE 搜尋ID「@taiwanlifeline1995」，

加入好友後，即可進入本平臺。

③本會官方網站：掃描官方臉書或官方LINE帳號QR Code並加入，即可進入本平臺。

▼**110報案專線**

如果你要報案或有下列情事需要處理，請打「110」，或電洽你居住（所在）地警察局勤務指揮中心：

①你有急難需要協助、救助。

②你發現有可疑或影響治安、交通情事。

③其他需要警察處理情事。

▼**年輕族群心理健康支持方案（試辦一年）**

為了正視青年的心理健康問題，衛福部從二〇二三年八月一日至二〇二四年七月三十一日，提供十五歲到三十歲的年輕人，三次免費的心理諮商（按：補助三次心理諮商費，一次約可省下一千六百元左右，且可以是不同醫療院所），但不同醫療機構可能須收取掛號費等費用，建議提前致電有關單位詢問。

只要年滿十八歲，事先向該機構預約，當天攜帶身分證及相關證明文件前往即可。同時，亦開放遠距離心理諮商，然而不同縣市對遠距離心理諮商的規定不同，民眾可以上衛福部心理健康司網站查詢（https://dep.mohw.gov.tw/DOMHAOH/lp-6608-107.html）。

另外，未成年者若想接受心理諮商，根據衛福部表示：「原則上，建議告知法定代理人。」不過，並未強制要求必須經由法定代理人同意。

國家圖書館出版品預行編目（CIP）資料

拯救快要撐不下去的自己：不想上學、提不起勁、不想與人互動、總覺得寂寞……我該怎麼辦，能把自己從懸崖邊拉回來。/ 井上祐紀著；林佑純譯. -- 初版. -- 臺北市：大是文化有限公司，2023.10
192面；14.8 × 21公分. --（Think ; 263）
ISBN 978-626-7328-80-4（平裝）

1. CST：心理輔導　2. CST：心理諮商　3. CST：青少年

178.3　　112013013

Think 263

拯救快要撐不下去的自己

不想上學、提不起勁、不想與人互動、總覺得寂寞……
我該怎麼辦，能把自己從懸崖邊拉回來。

作　　者／井上祐紀
譯　　者／林佑純
責任編輯／許珮怡
校對編輯／林盈廷
美術編輯／林彥君
副 主 編／馬祥芬
副總編輯／顏惠君
總 編 輯／吳依瑋
發 行 人／徐仲秋
會計助理／李秀娟
會　　計／許鳳雪
版權主任／劉宗德
版權經理／郝麗珍
行銷企劃／徐千晴
業務專員／馬絮盈、留婉茹、邱宜婷
業務經理／林裕安
總 經 理／陳絜吾

出 版 者／大是文化有限公司
　　　　　臺北市 100 衡陽路7號8樓
　　　　　編輯部電話：（02）23757911
　　　　　購書相關資訊請洽：（02）23757911 分機122
　　　　　24小時讀者服務傳真：（02）23756999
　　　　　讀者服務E-mail：dscsms28@gmail.com
　　　　　郵政劃撥帳號：19983366　戶名：大是文化有限公司
法律顧問／永然聯合法律事務所
香港發行／豐達出版發行有限公司“Rich Publishing & Distribut Ltd”
　　　　　地址：香港柴灣永泰道70號柴灣工業城第2期1805室
　　　　　　　　Unit 1805, Ph. 2, Chai Wan Ind City, 70 Wing Tai Rd, Chai Wan, Hong Kong
　　　　　電話：21726513 傳真：21724355
　　　　　E-mail：cary@subseasy.com.hk

封面設計／禾子島
內頁排版／楊思思
印　　刷／鴻霖印刷傳媒股份有限公司

出版日期／2023年10月 初版
定　　價／390元（缺頁或裝訂錯誤的書，請寄回更換）
I S B N／978-626-7328-80-4
電子書ISBN／9786267328859（PDF）
　　　　　　9786267328866（EPUB）

Printed in Taiwan
10DAI KARA MINITSUKETAI GIRIGIRI NA JIBUN O TASUKERU HOHO